HIGHLIGHTSVERLAG

Polarmeer
Nordkap
Porsangenfj.
Altafjord
Alta
Tromsø
Langfjordbotn
Setermoen
Lofoten
Ramberg
Bodø
Saltenfjord
Rokland
Polarkreis
Saltfjellet
NORWEGEN
RUSSLAND
Velfjord
Trofors
Luleå
Namsos
SCHWEDEN
Namsenfjord
Bottnischer Meerbusen
Trondheim
FINNLAND
Marstein
Dovrefjell
Trollstigen
Geirangerfjord
Sognefjell
Skjolden
Sognefjord
Laerdalsfjord
Hemsdalfjell
Gol
Helsinki
Bergen
Oslo
Ludvika
Vättern
Stockholm
Kungälv
Ostsee
Nordsee
DÄNEMARK
Kopenhagen
Flensburg
DEUTSCHLAND
Heidelberg

Günter Wensky

Nordkap

Abenteuer Nordkap: Mit der BMW R 1150 RT
zum nördlichsten Punkt Europas

5. Auflage 2023

Fotos Titel: oben links: Polarkreis in Finnland, oben rechts: Tunnel zum Nordkap, unten: Nordkap

Fotos: © Günter Wensky
Lektorat und Korrektorat: Martin Schempp, Sylva Harasim
Satz und Gestaltung: Claudia Renierkens
Druck und Bindung: Silber Druck oHG, Niestetal

Print-ISBN: 978-3-933385-85-7
eBook-ISBN: 978-3-945784-11-2

Inhalt

Kapitel 1: Endlich on the road

07. Juni
Heidelberg - Jarplund
N 54°44'39.1" / E 009°28'11.5"
759 km
schönes Wetter, 20° C

»Na, min Jung? Nur tanken, oder willste auch was essen? 'Ne Bockwurst vielleicht? Guck mal!«

Ich glaub', mich tritt ein Pferd! Mit meinen dreiundfünfzig Jahren könnte ich locker ihr Vater sein. Wie spricht sie denn mit mir, wir kennen uns doch gar nicht? Trotzdem ist mir der fröhliche Vorschlag der jungen Kassiererin an einer Autobahntankstelle in der Nähe von Hamburg nicht unangenehm. Ganz im Gegenteil, was zu essen wäre jetzt gar nicht schlecht und deshalb nicke ich, sage »Gute Idee, mach mal, ich stell nur mein Moped weg«, und mache mich auf, um meine BMW auf dem freien Platz neben der Tankstelle zu parken.

»'Ne Cola dazu, damit du wieder fit wirst?«, ruft sie mir hinterher.

»Ja, alles klar.« Im Weggehen hebe ich die Hand in ihre Richtung, um anzudeuten, dass sie mir nichts weiter anzubieten braucht.

»Mach du mal die Zapfsäule frei, ich stell dir alles hier hin.«

Die ist ja geschäftstüchtig! Aber nett, und sie hat mich auch genau richtig eingeschätzt. Ok, um diese Uhrzeit ist es vielleicht zu erwarten, dass die Leute hungrig sind und sich gerne ein Mittagessen verkaufen lassen, trotzdem hat sie ihre Sache gut gemacht.

An der Zapfsäule wartet schon der nächste Kunde darauf, tanken zu können, deshalb beeile ich mich. Wie immer zu Tourbeginn noch etwas eingerostet, schiebe ich das rechte Bein umständlich und mühevoll zwischen dem riesigen Tankrucksack und der auf dem Soziusplatz festgezurrten Packrolle hindurch über die Sitzbank, sitze auf und lasse den Motor an. An das Gewicht des voll beladenen Motorrades muss ich mich erst wieder gewöhnen und so brauche ich zwei Anläufe, um meine Dicke Bertha vom Hauptständer zu wuchten. Voll getankt und mit Gepäck dürfte sie nun etwa 320 kg wiegen. Der Hauptständer klappt nach oben und die Maschine fällt schwer in die Federung. Wir sind halt beide nicht gerade leichtgewichtig unterwegs und ich hoffe, auf der heute begonnenen Reise ans Nordkap vielleicht ein wenig abnehmen zu können. Bertha hingegen sollte möglichst ihr Gewicht beibehalten und mit allen ihren Teilen wieder nach Hause kommen.

Neben der Tankstelle ist ein kleiner Bereich im Freien mit ein paar Tischen und Stühlen. Davor stehen zwei sportliche Motorräder, ihre Fahrer sitzen an einem Tisch und machen Pause. Sie liegen fast in den Stühlen, die sie in die Sonne gedreht haben, strecken Arme und Beine von sich und ihre Gesichter zum Bräunen in die Sonne, so als lägen sie am Strand von Mallorca und genössen den herrlichen Sonnenschein. Ich stelle Bertha zu ihren Maschinen und hole drinnen meine Bestellung ab. Als ich mich an den Nachbartisch setzen will, laden die Jungs mich ein, bei ihnen am Tisch Platz zu nehmen, was ich gerne tue. Sofort entwickelt sich ein Gespräch unter Bikern. Die beiden kommen aus Hamburg und machen ihre gewohnte Sonntags-Ausfahrt heute auf der Autobahn, weil sie gerne mal etwas schneller unterwegs sind. Wie die Verkleidungen ihrer japanischen Renner sind auch ihre Helme und die Schultern der bunten Lederkombis vollkommen übersät von Insektenleichen, was den überragenden Speed der Boys zusätzlich unterstreicht.

Sie teilen sich eine Tüte Süßigkeiten, die sie eigentlich gar nicht zu kaufen vorhatten, die hat ihnen die nette Verkäuferin vorgeschlagen, wie sie mir erzählen.

»Wo kommst du her? Hast wohl noch 'ne weite Strecke vor dir?«

»Aus Heidelberg. Ja, ans Nordkap und zurück, werden so um die 8.000 Kilometer zusammenkommen.«

Anerkennendes Nicken. »Nicht schlecht, Alter. Seit wann bist du unterwegs?«

»Heute morgen um sieben gestartet. Läuft gut bis jetzt«, sage ich lachend. Was soll an einem halben Tag schon passiert sein?

»Stellenweise ist es ziemlich windig, aber immerhin trocken. Und nicht zu heiß, wenigstens solange man fährt.«

»Ja, mit der BMW kann man so eine Tour gut machen. Wir sind aber lieber ohne viel Gepäck und'n büschn zügiger unterwegs.«

»Dafür ist das Wetter doch ideal.«

Aber in der Juni-Sonne wird mir ohne Fahrtwind nun doch ziemlich warm, denn um Platz zu sparen, habe ich jetzt schon die Winter-Klamotten an, die ich bald brauchen werde und sonst irgendwo im Gepäck hätte verstauen müssen. Und der Platz in meinen Packtaschen ist bereits komplett ausgeschöpft. Nur das Winterfutter der Hose ist zum Glück noch nicht eingeknöpft, sondern noch in der großen Packrolle, ansonsten fahre ich bereits mit Fleece-Jacke und langer Unterwäsche. In der heißen Sonne gare ich jetzt schon im eigenen Saft. Schwitzend verdrücke ich die leckere Bockwurst und mache mich dann wieder auf meinen Weg immer weiter nach Norden. Die beiden Kollegen fahren auch wieder los, lassen die Sportauspufftüten ordentlich röhren und sind schon nach wenigen Sekunden nicht mehr zu sehen.

Bei mir ist eine eher gemäßigtere Fahrweise angesagt, denn ich möchte die Tour gemütlich angehen und das Motorradfahren auskosten. Vor der Abfahrt verbrachte ich endlose Stunden damit, Sehenswürdigkeiten ausfindig zu machen, die Strecke auszuarbeiten und Packlisten zu schreiben. Sinnvolle Neuanschaffungen waren sicherlich der große, wasserdichte Packsack mit 80 l Fassungsvermögen und ein gebrauchtes, robustes Tablet, meine Tochter nennt es iFake, auf dem beispielsweise Reiseführer als E-Books gespeichert sind, die Bedienungsanleitungen der Kamera und des Motorrades, ein Campingplatzverzeichnis und Wörterbücher für Norwegisch, Finnisch und Schwedisch. Auch um mein Reisetagebuch zu schreiben und die Datei, bei vorhandenem WLAN, als E-Mail an mich selbst zu sichern, eignet es sich ganz hervorragend. Es lässt sich während der Fahrt ganz einfach an der Bordsteckdose aufladen. Dafür habe ich mir extra ein Kabel angefertigt, das lange genug ist, um bis in den Tankrucksack mit Regenüberzug zu reichen. Obwohl dies nicht meine erste Tour ist und ich bei weitem nicht der Erste bin, der die Fahrt zum Nordkap antritt, war doch von Anfang an klar, dass sie für mich etwas Besonderes sein würde. Diese Reise ist für mich mehr, als einfach nur eine weite Strecke abzureiten. Sie ist eine Reise, die irgendwie ans Ende der Welt führt und allein deshalb hat sie schon einen ganz eigenen Charakter, hat etwas Grundsätzliches, Elementares, etwas Großes an sich, bringt einen zum Nachdenken über sich und die Welt. Sie wird mich dahin führen, wo alle europäischen Wege im Norden enden, wo es nicht mehr weitergeht. Sie ist nicht einfach nur eine Motorrad-Tour wie alle anderen.

Mir ist auch aufgefallen, dass, anders als bei den vorhergehenden Fahrten, dieses Vorhaben bei den Leuten gewisse Reaktionen hervorruft, wenn man ihnen davon erzählt. Es löst schon im Vorfeld eine gewisse Anerkennung, wenn nicht Bewunderung aus und wirft meist die Frage auf, ob ich denn keine Angst habe, ganz alleine zu fahren. Niemand geht reaktionslos darüber hinweg. Selbst mein Nachbar, ein versierter langjähriger Tourenfahrer mit verschiedenen Motorrädern, der übrigens heute morgen eigens im Schlafanzug und mit herrlich zerzausten Haaren vor sein Haus kam, um mir bei der Abfahrt den »Daumen hoch« zu zeigen, hob damals kritisch die Augenbrauen, als ich ihm zum ersten Mal von meinem Plan erzählte, und gab zu bedenken: »Sicher, wenn du alleine fährst, bist du unabhängig und dein eigener Herr. Wenn aber was schief geht, bist du auch alleine!«

Die Verabschiedung von Freunden und meinen Arbeitskollegen in der Apotheke, in der ich arbeite, fiel herzlich, aber auch ungewohnt ernst aus. Mit besorgtem Gesichtsausdruck bat man mich, gut aufzupassen und doch bitte wieder heil zurück zu kommen.

Und mit diesem Gefühl, nämlich am Beginn einer in vielerlei Hinsicht großen Tour zu stehen, legte ich heute morgen den ersten Gang ein, winkte meiner Frau und den Kindern ein letztes Mal und begab mich auf meine »Expedition in die Arktis«.

Im ungefähr 600 Meter langen Tunnel, den ich am Ortsausgang auf dem Weg zur Autobahn durchquerte und wo sich der Klang des Motorrades immer so schön zu einem markerschütternden Sound of Freedom verstärkt, brachen meine Emotionen hervor und ich machte mit der linken Hand eine Faust, stieß sie hoch in die Luft und brüllte: »Ja! Es geht los! On the road again …« Ich fühlte mich frei, darauf hatte ich mich so lange gefreut.

Selbst die Dicke Bertha schien mir an manchen Tagen, als scharrte sie schon mit den Hufen und wollte fragen, wann es endlich wieder los gehe.

Nun bin ich unterwegs, und das Motto der Tour lautet:

»Dies ist wahrscheinlich die Reise meines Lebens. Also mache ich sie auch genau so, wie sie mir gefällt und genieße jede Minute und jeden verdammten Kilometer davon, auch wenn es junge Hunde regnen sollte!«

Die Orientierung fällt mir nicht schwer, nur die A5 und A7 sind für mich heute von Bedeutung. Die A5 bis kurz nach dem Frankfurter Kreuz, dann die A7 Richtung Flensburg. Wenn nur alles so einfach wäre. Dennoch habe ich das Navi montiert und eingeschaltet, denn zum einen muss ich so auf den letzten paar Kilometern nicht selbst nach dem geplanten Campingplatz bei Flensburg Ausschau halten und zum anderen zeichnet das Gerät die gesamte Strecke auf und errechnet daraus Durchschnittswerte der Geschwindigkeiten mit und ohne Pausen, was zur Planung weiterer Touren vielleicht einmal interessant sein könnte. Und es soll angeblich vor Radarfallen warnen können, was aber, glaube ich, nicht erlaubt wäre.

Es ist Sonntagmorgen, nur wenige Autos und keine LKW sind unterwegs. Die Frische zu Beginn der Fahrt tut gut, aber gegen Mittag wird es immer wärmer und ich öffne an der Jacke die Lüftungsreißverschlüsse, was mir aber leider keine wirklich große Erleichterung verschafft.

An irgendeiner Tankstelle bei Bad Hersfeld tanke ich zum ersten Mal. Dann geht die Fahrt weiter in Richtung Kassel, wo schon bald größere Höhenunterschiede zu bewältigen sind. Bertha bollert unbeeindruckt von der Steigung und ihrer schweren Last die Kasseler Berge hinauf und macht dank ihrer Kraft und des elastischen Motors ihrem Spitz- und Schmähnamen

»Tourendampfer« und »Gummikuh«, die ihr die Fachpresse verliehen hat, im positiven Sinne alle Ehre. Bei gleichbleibend niedriger Drehzahl hämmert der Boxermotor die Fuhre sämtliche Steigungen empor, an etlichen Autos vorbei, denen hier bereits die Puste ausgeht.

Im Umkreis Hamburgs nimmt der Verkehr deutlich zu und viele Baustellen zwingen zum Langsamfahren. Wenig später sehe ich weit vor mir Warnblinkanlagen, die dem nachfolgenden Verkehr das Ende eines Staus signalisieren. Erst bleibe ich noch hinter dem letzten Auto stehen. Hin und wieder geht es im Schritttempo einige Meter weiter. Aber insgesamt ist Stillstand in der Schlange. Die Motortemperatur steigt, denn das luftgekühlte Aggregat bekommt keinen Fahrtwind, was bei dieser sommerlichen Hitze ungünstig ist. Immer wieder düsen einige Motorräder zwischen den Autoschlangen hindurch und ziehen missbilligende Blicke der wartenden Autofahrer auf sich. Ein paar Minuten beobachte ich noch die Motortemperatur im Display, dann lege ich den ersten Gang ein und zuckele zwischen den Autoreihen hindurch weiter nach vorne. Den Blick wachsam auf die Fahrzeuge vor mir gerichtet und immer darauf gefasst, dass sich eine Tür öffnet oder einer die Spur wechselt, krieche ich ungefähr zehn Minuten lang weiter nach vorne. Nein, das ist nicht meine Lösung des Problems. Von kühlendem Fahrtwind keine Spur und besonders behaglich fühle ich mich mit der breiten Bertha zwischen den Autos auch nicht. Schließlich wechsele ich auf die Standspur, rolle dort im zweiten Gang mit etwa 40 Stundenkilometern am Stau vorbei, stets darauf achtend, ob sich von hinten ein Blaulicht nähert, dem natürlich sofort Platz zu machen wäre. Prima, der Motor kühlt sich wieder ab und ich bin wenigstens in Bewegung, wenn auch langsam. Dann plötzlich, nach ein paar Kilometern, fahren die Autos wieder los. Erst stockend, dann wieder völlig normal. Weit und breit sehe ich keinen Grund für den Stau, keinen Unfall und keine Fahrbahnverengung. Ich wollte, mir würde mal einer erklären, wie Staus entstehen und warum wir vorhin nicht schon gefahren sind. Egal, ich fädele mich wieder ein und passiere bei zäh fließendem Verkehr noch einige Baustellen, bevor die Autobahn in Hamburg durch den berühmten Elbtunnel führt. Auf ungefähr drei Kilometern Länge unterquert er die Elbe und ist täglich für tausende Reisende ohne wirkliche Alternative, was natürlich zu regelmäßigen Staus in diesem Bereich führt.

Auf der anderen Seite des Flusses verlässt man rasch das selbst am Sonntag hektische Stadtgebiet und befährt für mich als Süddeutschen erschreckend plattes Land. Mit zunehmendem Abstand von Hamburg in Richtung Norden lichtet sich der Verkehr, der Wind frischt stark auf und die Hitze lässt deutlich nach.

Immer wieder muss ich den doppelstöckigen Tankrucksack zurechtrücken, damit er mich nicht beim Fahren stört. Er wandert mit der Zeit immer nach vorne oder zur Seite und lehnt sich unbemerkt am Lenker an. Erst nach einiger Zeit fällt dann jeweils auf, dass man schon eine ganze Weile gegen seinen Druck lenken musste, oder er macht sich bemerkbar, indem er einfach mal lustig die Hupe drückt oder spaßeshalber den Windscreen runterfährt. So ist das nichts, das muss ich ändern. Bisher bin ich immer mit dem halben des zweiteiligen Tankrucksacks ausgekommen, also nur mit seiner unteren Hälfte. Sie ist größenmäßig optimal und stört nicht beim Fahren. Für diese Tour habe ich mich aber dazu entschieden, auch das obere Stockwerk mitzunehmen. Es kam mir zwar schon einigermaßen sperrig vor, ich wollte aber dennoch nicht auf das Mehr an Packvolumen verzichten. Mal sehen, wie ich morgen die Sachen anderweitig verstauen kann. Bis jetzt sind im unteren Fach Getränke und ein paar Lebensmittel untergebracht, oben die Fotoausrüstung und diverser Kleinkram.

Eine weitere Sache, die meine Aufmerksamkeit in unangenehmer Weise auf sich zieht, ist die neu angeschaffte Gel-Sitzauflage, von der ich mir so viel versprochen hatte. Obwohl mein Sitz ziemlich gut mit seinem Gegenstück harmoniert und ich erst bei wirklich langen Etappen anfange, hin und her zu rücken, kaufte ich dieses Gelkissen und erwartete eine weitere Steigerung des Sitzkomforts. Kurzfristig fühlt es sich auch bequemer an, aber schon nach etwa einer Stunde schläft meine Hauptverbindung zum Motorrad ein und animiert mich zu gymnastischen Übungen während der Fahrt, um alle Körperteile wach zu halten. Auch das Gelkissen wird morgen einen anderen Platz bekommen. Ich werde es unter den Packsack auf den Soziussitz legen und als Fehlinvestition verbuchen. War auch unnötig, der Sitz hat mir ja keinerlei Probleme gemacht. Früher sagten die IT-Leute gerne »Never touch a running system!« und meinten damit, »Wenn was okay ist, Pfoten weg und nichts kaputtreparieren!«. So ähnlich war es wohl mit meinen unbestimmten Erwartungen an dieses Kissen, ich könnte mich ärgern.

Am frühen Nachmittag lotst mich das Navi kurz vor der dänischen Grenze von der A7 runter und über ein kurzes Stück Bundesstraße direkt auf den geschotterten Bereich vor dem Kassenhäuschen des Campingplatzes, den ich mir für meine erste Übernachtung auf dieser Tour ausgesucht habe. Ich atme erleichtert aus, lasse das Motorrad auf den Seitenständer ab und bin froh, die 759 Kilometer lange Etappe hier beenden zu können. So weite Strecken bin ich echt nicht mehr gewöhnt.

Als ich das Kassenhaus betrete, ist ein reges Gespräch zwischen der Dame hinter dem Tresen und einer offenbar einheimischen jungen Frau im Gange. Um die beiden nicht zu stören, halte ich mich noch ein wenig abseits und betrachte interessiert die Karten und Prospekte der verschiedenen Sehenswürdigkeiten dieser Gegend, die die Wände des Raumes fast vollständig bedecken. Von dem Gespräch verstehe ich genau Nullkommanichts. Au weia, ist das noch Deutsch? Verstehe kein Wort. Bestimmt hat der Dialekt hier schon stark dänische Einflüsse. Eine Minute später wendet sich die Dame an der Kasse in astreinem Hochdeutsch mir zu und fragt, was sie für mich tun könne.

»Ich würde gerne eine Nacht hier bleiben, ein Mann mit Zelt.«

»Haben sie eine Camping Card oder einen Ausweis?«, fragt sie freundlich und stolz überreiche ich ihr meine Camping Card Europe, die ganz einfach über den ADAC zu bekommen war. Ehrlich gesagt habe ich nicht damit gerechnet, jemals davon Gebrauch machen zu können und habe sie mir vorsorglich nur für alle Fälle angeschafft. Dass man mich schon bei der ersten Übernachtung, zumal in Deutschland, danach fragt, überrascht mich doch sehr.

Die Dame verlangt zehn Euro für die Übernachtung und ein Blick auf die aushängende Preisliste verrät mir, dass ich wohl irgendeinen Rabatt bekommen habe, denn auch ohne es genau zu addieren, sehe ich, dass der normale Preis die zehn Euro übersteigen würde.

Auf einer Karte des Platzes, der fast nur über Stellplätze für Wohnwagen verfügt, zeigt sie mir den Bereich, wo ich mich niederlassen darf.

Auf der kleinen, von mannshohen Büschen und Bäumen umrahmten Wiese bin ich der einzige Zelt-Camper. Der Boden ist weich, bietet darum keinen sehr festen Halt und bevor mein Moped noch umkippt, lade ich schnell alles Gepäck ab, breche ein paar trockene Äste von einem der Bäume und lege sie unter den Fuß des Seitenständers, der so nicht mehr im Gras einsinken kann.

Die Wiese ist insgesamt leicht abschüssig, aber ich finde schnell eine einigermaßen ebene Stelle, um dort mein Zelt aufzuschlagen. So, wie ich es vor zwei Jahren eingepackt habe, liegt das Innenzelt samt zusätzlich eingerollter Unterlegplane zuoberst in der Zelttasche. Hoffentlich ist alles noch in Ordnung. Vor Fahrtantritt danach zu sehen, ist leider nur ein guter Vorsatz geblieben. Aber schon beim Ausbreiten und Befestigen des Zeltbodens mit Heringen merke ich, dass alles noch prima in Schuss ist. Noch immer sitzt jeder Handgriff und innerhalb weniger Minuten ist mit dem Überwerfen und Abspannen des Außenzeltes mein Quartier für die Nacht bezugsfertig.

Nun schnell das Gepäck reinwerfen, das Ventil der Iso-Matte aufdrehen, damit sie sich wieder entfalten kann und dann will ich mich nur mal kurz hinlegen, um zur Ruhe zu kommen und meine Gedanken zu sortieren. Aah, tut das gut, zu liegen und vor allem die warmen Sachen ausziehen zu können. Schon nach ein paar Minuten will ich jedoch nicht mehr im Zelt bleiben, bin zu aufgekratzt und muss raus, ein Stück spazieren gehen, mir den Campingplatz genauer ansehen, oder vielleicht mit jemandem ein wenig quatschen.

Mein erster Eindruck bestätigt sich, der Platz ist hauptsächlich auf Wohnwagen und Wohnmobile ausgerichtet und bietet, so wie ich es sehe, selbst keine Einkaufsmöglichkeiten für Lebensmittel oder dergleichen. Was wohl auch gar nicht notwendig ist, denn in Sichtweite der Einfahrt befindet sich ein Supermarkt.

Aber ich verlasse den Platz nicht mehr, sondern spaziere gedankenversunken zwischen den Reihen der mobilen Heime hindurch zum Zelt, schnappe mir schließlich meine Duschutensilien und verschwinde in das alte, aber gut gepflegte Waschhaus.

Danach nutze ich meinen vorerst letzten Tag in Deutschland aus, um noch mal zum normalen Preis mit meiner Frau zu telefonieren, der ich sehr dankbar dafür bin, in der kommenden Zeit die Mehrarbeit auf sich zu nehmen, weil ich nicht da bin. In den nächsten Wochen wollen wir hauptsächlich per SMS in Kontakt bleiben.

Mit den ersten Eintragungen ins Reisetagebuch und einer im Zelt ausgekippten Teetasse endet dieser Tag, der vor allem durch die lange Autobahnfahrt geprägt war. Morgen werde ich wieder ein gutes Stück auf Autobahnen zurücklegen müssen, um endlich dem eigentlichen Tourbeginn am dritten Tag im gebirgigen Norwegen nordwestlich von Oslo näher zu kommen. Ab dort wird es sicher fahrerisch anspruchsvoller und landschaftlich interessanter werden.

Der dicke Schlafsack und das kleine Kopfkissen, dessen Teilnahme an der Reise aus Platzgründen mehr als fraglich war, das ich zum Glück aber nun doch mitgenommen habe, machen mein Bett bei vierzehn Grad Außentemperatur sehr behaglich. Obwohl es eine ganze Weile dauert, schlafe ich trotz des Lärms, den eine gewaltige landwirtschaftliche Maschine bis tief in die Nacht hinein auf den benachbarten Feldern macht, zufrieden ein. Endlich wieder auf Achse, auch wenn sich das Tourenfeeling noch nicht bis in die allerletzten Zellen herumgesprochen hat.

Kapitel 2: Über große Brücken

08. Juni
Jarplund - Kungälv (Schweden)
N 57°51'43.3" / E 011°59'43.7"
684 km
sonnig, abends Regen, sehr windig

Ungewohnte Kälte liegt in meinem Gesicht. Nicht unangenehm, aber kalt genug, dass ich davon aufwache. Auf der ISO-Matte liege ich sehr bequem und habe mich schön warm in den Schlafsack eingemummelt. Noch mit geschlossenen Augen wird mir langsam bewusst, dass ich im Zelt bin und kurz vor Dänemark campe.

Klasse, stimmt ja, meine große Tour hat gestern begonnen, dieses Zelt ist nun vorläufig mein Zuhause. Draußen ist die Welt bereits von fröhlichem Vogelgesang erfüllt, so, wie er sich nur ganz früh am Morgen anhört. Und mir fällt auch auf, dass keine Regentropfen auf das Zeltdach prasseln, so wie ich es auf anderen Touren schon oft erlebt habe. Meine Stimmung ist sofort spitze, denn kaum etwas ist unangenehmer, als im Regen sein Zelt einpacken zu müssen. Aber das wird mir heute erspart bleiben.

Erwartungsvoll öffne ich die Augen und werde nicht enttäuscht. Es ist bereits taghell und durch die gelbe Innenzeltwand sehe ich, wie die Morgensonne schon kräftig scheint und einen schönen Tag verheißt. Bewusst atme ich ganz tief ein und fühle, wie die kühle Luft in meine Lunge strömt. Das ist wie frische Energie tanken, der Sauerstoff belebt den ganzen Körper und nach wenigen Augenblicken besiegt der Tatendrang die friedvolle Trägheit im warmen Nest. Entschlossen öffne ich den Reißverschluss des Schlafsackes, um den zweiten Tag meiner Tour zu beginnen.

Ein Blick auf die Armbanduhr verrät mir, dass es erst fünf Uhr in der Frühe ist, aber dennoch, an Schlaf ist nicht mehr zu denken, ich stehe jetzt auf. Es ist höchste Zeit, mir einen heißen Kaffee zuzubereiten, die Lebensgeister endgültig zu wecken und den neuen Tag zu beginnen.

Auf dem Weg zum Waschhaus, um Wasser für den Kaffee zu holen, werfe ich einen Blick auf das Thermometer am Motorrad. Sieben Grad, brrr! Nicht gerade üppig, wenn man bedenkt, dass wir zu Hause in Heidelberg vorgestern nicht einschlafen konnten, weil die Temperatur im Schlafzimmer selbst spät am Abend noch schweißtreibende achtundzwanzig Grad betrug.

Mit vom Wiesentau nassen Turnschuhen laufe ich weiter und hebe dabei die Füße wie ein Storch im Salat.

Im Haus mit den sanitären Anlagen treffe ich noch zwei weitere Frühaufsteher, die bereits mit Waschen und Rasieren beschäftigt und genauso gut gelaunt sind wie ich. Einer der beiden wohnt sogar hier in der Nähe, verbringt aber jede freie Minute in seinem Wohnwagen, der hier einen Dauerstellplatz hat.

Wenige Augenblicke später bin ich zurück beim Zelt angelangt und koche auf dem kleinen Gasbrenner Wasser für den Kaffee. Indessen trockne ich mit einem Lappen schon mal die Sitzbank der Dicken Bertha, wische ihre Rückspiegel sauber und schaue kurz nach, ob mir irgend etwas Ungewöhnliches an der Maschine auffällt. Alles scheint im grünen Bereich zu sein, der für heute geplanten 700 Kilometer langen Etappe steht damit nichts mehr im Wege.

Es wird auf der E45 und E20 durch Dänemark hindurchgehen, auf den beiden großen Brücken über die Ostsee, genauer gesagt, über den Störebelt und den Öresund nach Schweden. Dort fahre ich entlang der Küste auf der E6 bis kurz hinter Göteborg nach Kungälv, wo ich mir eine Art Jugendherberge mit angeschlossenem Campingplatz für die nächste Übernachtung ausgesucht habe.

Noch während der frisch aufgegossene Kaffee im Becher dampft, packe ich meine Siebensachen zusammen und versuche dabei, so viel wie möglich aus dem Tankrucksack in den übrigen Taschen zu verstauen. Leider findet nicht alles einen anderen Platz, deshalb muss ich heute noch mit dem doppelstöckigen Tankrucksack fahren. Bis morgen verbrauche ich hoffentlich genug Proviant, damit ich dann nicht mehr wie ein Dampflokführer hinter seinem schwarzen Kessel sitzen muss. Übermorgen, auf der dritten Etappe, werde ich schon so weit im Norden sein, dass es sich lohnen wird, das Winterfutter in die Hose zu knöpfen und die dünnen Sommerhandschuhe gegen die dick gefütterten auszutauschen. Dann ist auf jeden Fall genug Platz in der Packtasche, um den zweiten Stock vom Tankrucksack dort unterzubringen.

Der Kaffee hat mich schön aufgewärmt, Bertha steht voll beladen im nassen Gras, ich stecke die leere Tasse einfach noch zu den Sachen ins Topcase und steige auf. Sofort spüre ich, dass es die richtige Entscheidung war, das untaugliche Gel-Kissen auf die Rückbank unter den großen Packsack zu verbannen.

»Lasset die Spiele beginnen!«

Beim Druck auf den Startknopf ist der Motor sofort da und brüllt kurz über den verschlafenen Campingplatz. Dann brummelt er heiser mit leicht erhöhter Drehzahl vor sich hin und hört sich geradezu ungeduldig, ja tatendurstig an. Vorsichtig fahre ich eine weite Kehre auf der nassen, abschüssigen Wiese, folge dem geschotterten Pfad aus dem Campinggelände hinaus auf die angrenzende Bundesstraße. Bis zur A7 sind es nur wenige Kilometer, nach ein paar Minuten ist sie erreicht und von da an geht es flott weiter nach Norden.

An der Grenze zu Dänemark stehen zwar noch die Gebäude und Einrichtungen, die früher der Grenzkontrolle dienten, aber heutzutage scheint der Posten verlassen und ungenutzt zu sein. Auf dänischer Seite steht eine große Hinweistafel mit den hierzulande erlaubten Geschwindigkeiten. Hundertdreißig auf der Autobahn ist für mich ideal, damit kommt man schön voran, ohne zu kriechen. Allerdings wird schon nach ein paar Kilometern klar, dass die meisten Dänen diese Speed-Limits eher als Empfehlung ansehen, sie einfach ignorieren und schneller fahren. In Ortschaften gelten übrigens 50, außerhalb 80, wenn besonders ausgeschildert, auch mal 90 Kilometer pro Stunde.

Bei der nächsten Tankstelle will ich raus, obwohl es eigentlich noch nicht dringend nötig wäre, denn ich möchte unbedingt meine neu angeschaffte PrePaid-Kreditkarte im Ausland ausprobieren. Nach meinen Recherchen gibt es unglücklicherweise im nördlichen Skandinavien, vor allem in Finnland, so gut wie keine Tankstellen mehr, an denen man bar bezahlen kann. Und an den Automaten-Zapfsäulen mit Kreditkartenzahlung sollen gewöhnliche ausländische EC-Karten oft nicht akzeptiert werden. Beim ADAC war es ganz einfach und vollkommen problemlos, eine Kreditkarte mit PIN zu bekommen. Bestimmt kann man bei anderen Banken genauso schnell eine erhalten, aber ich habe da gar nicht lange gefackelt und beim nächstbesten Angebot zugeschlagen. Das Konto habe ich für die Tour mit einem Betrag versehen, den ich für ausreichend halte.

Schon kurz nach der Grenze erreiche ich die erste Tankstelle und zum Bezahlen von Sprit, belegtem Brötchen und Energy-Drink zum Frühstück genügen meine Karte und Unterschrift.

Das ist ja easy und hat vor allem den Vorteil, dass man sich um ausländische Währungen nicht zu sorgen braucht. Dänische Kronen habe ich mir nämlich, im Vertrauen auf die Karte, keine besorgt, ich will nur durch das Land hindurchfahren, sonst nichts. Schwedische und norwegische Kronen habe ich allerdings in der Tasche, dort werde ich mich ja auch einige Tage aufhalten.

Frisch gestärkt mache ich mich auf den Weg nach Kolding, dort wechsele ich in Richtung Kopenhagen und Malmö auf die E20, die geradewegs über die großen Brücken und die beiden großen dänischen Inseln Fünen und Seeland nach Schweden führt. Zwar gibt es auch jede Menge ganz unterschiedlicher Fährverbindungen, die in Frage gekommen wären, so hätte ich etwa von Kiel oder Rostock nach Göteborg oder sogar bis Oslo mit dem Schiff reisen können, aber schließlich befinde ich mich auf einer Motorrad-Tour, also nehme ich gerne die paar Kilometer mehr in Kauf, wenn ich dadurch die Strecke auf eigenen Rädern bewältigen kann.

Vor der Reise hatte ich zwar schon von der berühmten Öresundbrücke gehört, die Dänemark über die Ostsee mit Schweden verbindet, aber ich hatte keine Ahnung davon, wie diese Überfahrt wirklich verläuft, dass es sich nicht nur um eine, sondern um zwei gewaltige Brücken handelt und dass diese beiden Inseln der Breite nach zu überqueren sind. Beim Betrachten der Karte stellt sich mir unwillkürlich die Frage, ob die Lage der dänischen Hauptstadt Kopenhagen im äußersten östlichen Zipfel der Insel Seeland und damit des ganzen dänischen Königreiches nicht ein wenig ungünstig gewählt ist. Aber bestimmt hat das mit der vorteilhaften Position für die Seefahrt und dem damit zusammenhängenden Handel zu tun.

Bei Kolding wechselt man problemlos auf die E20, die Strecke nach Kopenhagen und Malmö ist gut ausgeschildert. Jetzt, gegen

Mittag, hat sich der strahlende Himmel leider ziemlich bezogen und ein strammer, kühler Wind rüttelt immer wieder an der Dicken Bertha, die sich aber kaum aus der Ruhe bringen lässt.

Schon nach wenigen Kilometern wird die Geschwindigkeit stufenweise herabgesetzt und die Fahrspuren aufgeteilt nach der Art, wie man die Überfahrt über die »Großer-Belt-Brücke« zu zahlen gedenkt. Ich wähle »Manuell«, was sich als richtig erweist. Am Kassenhäuschen werde ich freundlich gefragt, ob ich in dänischen oder schwedischen Kronen oder in Euro bezahlen möchte. Für die Passage zahle ich 20 Euro, die Kassiererin hebt per Knopfdruck die Schranke und entlässt mich mit einem netten »Gute weitere Fahrt« auf die Strecke. Die Brücke über den Großen Belt, dänisch »Storebæltsbroen«, ist eine Aneinanderreihung verschiedener Brückenabschnitte und verbindet die Inseln Fünen und Seeland, dänisch Fyn und Sjælland. Die 2.694 Meter lange Brücke, deren Hauptteil die mit 1.624 Metern Spannweite größte Hängebrücke Europas ist, erforderte bei ihrem Bau eine künstlich aufgeschüttete Insel zwischen Fünen und Seeland. Den östlichen Teil bildet die Hängebrücke, den westlichen eine Kastenbrücke, die über einen weiten Bogen bis zu dieser Mittelinsel, »Sprogø«, führt. Vor dem Bau der Brücke war sie winzig und nur mit einem Leuchtturm und einigen wenigen Häusern bebaut. Nun ist sie ganz und gar unbewohnt, Leuchtturm und Häuser stehen aber noch dort. Leider gibt es auf der Insel keine Möglichkeit anzuhalten und ein paar Fotos von der fast idyllisch anmutenden Szene zu schießen, wenn man die lärmende Autobahn, die über sie hinwegdonnert, einmal außer Acht lässt.

Über den ersten Teil der Brücke wird die Straße noch von zahlreichen Bahngleisen begleitet, die dann urplötzlich in einem Tunnel verschwinden und die See unterqueren, während der Straßenverkehr hoch hinauf auf die Hängebrücke geleitet wird.

Obwohl die Brücke beeindruckende 70 Meter über dem Meeresspiegel liegt, schaffte es im Jahre 2005 ein Frachtschiff hineinzurauschen und sich die Kommandobrücke abzureißen. Ein tragischer Unfall, bei dem es bedauerlicherweise einen Toten und einen Schwerverletzten zu beklagen gab.

Über die gesamte Brückenlänge sind immer wieder Windsäcke installiert, die anzeigen, woher und mit welcher Stärke der Wind weht. Auch der Blick auf die weißen Schaumkronen der See bestätigt meinen Eindruck, dass wir es heute schon mit nennenswerten Windstärken und zwar quer zur Fahrbahn zu tun haben. Es macht Spass, mit leichter Schräglage über die Brücke zu fahren. Vorsicht ist allerdings geboten, wenn man ein Windschatten spendendes Bauteil passiert, denn dann ist urplötzlich für ein paar Meter der stützende Wind weg und das Motorrad fällt in eine Kurve, die man gar nicht geplant hatte.

Nach Überquerung der Brücke und der Insel Seeland nähert man sich dem östlichen Ende Dänemarks und der Öresundbrücke, die seit dem Jahr 2000 den Straßenverkehr nach Schweden ermöglicht. Sie ist insgesamt 7.845 Meter lang und überspannt den Öresund, der die Verbindung der Ostsee zum Kattegatt darstellt. Die Fahrt über die Insel Peberholm und der etwa vier Kilometer lange Drogdentunnel gehören zum Gesamtbauwerk »Øresundsbron«, wobei es sich um eine Wortschöpfung, bestehend aus dem dänischen Øresundsbroen und dem schwedischen Öresundsbron, handelt. Wer als Motorradfahrer 235 schwedische Kronen oder 26 Euro berappt, darf über die 57 Meter über dem Meeresspiegel schwebende längste Schrägseilbrücke der Welt fahren. Unter der Fahrbahn, im Brückeninneren also, befindet sich die Eisenbahnverbindung nach

Schweden. Auch auf der Öresundbrücke ist bei starkem Seitenwind mit dem plötzlichen Ausbleiben des Windes zu rechnen, wenn man die Pylonen passiert, die 206 Meter hoch in den schwedischen Himmel ragen und unten die stattlichen Maße von 9,40 x 12,60 Meter haben. Das gewaltige Bauwerk soll eine Milliarde Euro gekostet haben und über die Mauteinnahmen finanziert werden. Täglich nutzen etwa 17.000 Reisende die Brücke. Hochrechnungen sagen eine Kostendeckung für das Jahr 2030 voraus. Ob dann die Maut wegfällt oder billiger wird? Vom Nordkaptunnel beispielsweise habe ich gelesen, dass die Benutzungsgebühr vor einigen Jahren hinfällig geworden ist, weil der Tunnel durch die bis dahin erzielten Einnahmen bezahlt war. Aber das ist Norwegen.

Irgendwo auf der Brücke fährt man an dem blauen Schild vorbei, das den Grenzübertritt nach Schweden anzeigt. Dort darf man in Ortschaften 50, außerhalb geschlossener Orte 90 und auf Autobahnen 110 Stundenkilometer schnell fahren, wenn nichts anderes durch Verkehrszeichen vorgeschrieben wird.

Meine Streckenplanung auf dem schwedischen Festland für heute ist ganz einfach: Stur auf der E20/E6 bleiben bis Göteborg und kurz danach ein Stück über die E45 nach Kungälv, wo ich heute übernachten werde.

Aber schon nachdem ich die Brücke verlassen und schwedisches Festland erreicht habe, signalisiert mir das Navi, die nächste Ausfahrt zu nehmen. Das verstehe ich nicht, ich bin mir sicher, dass ich einfach nur auf dieser Straße bleiben muss, und zwar noch für etwa zweihundert, zweihundertfünfzig Kilometer. Unsicher versuche ich schnell auf der Karte oben im Tankrucksack herauszufinden, was das Navi vorhaben könnte, doch als die Abfahrt schließlich kommt, setze ich in blindem Vertrauen auf die Technik den Blinker und folge den Anweisungen, deren Sinn ich nicht verstehe. Mir schwant, dass ich einen Fehler begangen habe, als ich nach drei Schleifen wieder auf derselben Autobahn, diesmal jedoch in Gegenrichtung unterwegs bin. Schade, schade, schade, es kommt keine Ausfahrt mehr und zu guter Letzt stehe ich am Kassenhäuschen für die Öresundbrücke in Richtung Dänemark. Es eröffnet sich mir keine Fluchtmöglichkeit, die einzig mögliche Fahrtrichtung geht nach vorne auf die Brücke.

»Hello, excuse me, I made a mistake. I'd like to stay in Sweden«, erkläre ich dem lächelnden Uniformierten im Kassenhaus. Er braucht meine Papiere, überprüft irgendwas und bittet mich, das Motorrad so hinzustellen, dass er die Nummer sehen kann, die er sogleich notiert. Wow, vielleicht wäre es einfacher gewesen, in Dänemark zu wenden …

Aber bei all dem bleibt er überaus freundlich und schließlich erklärt er mir, dass er gleich eine seitliche Schranke öffnen wird und wenn ich durch diese hindurch gefahren sein würde, erreichte ich bald eine andere Schranke, die er ebenfalls von hier aus auf Knopfdruck öffnen würde.

»Have a nice trip«, wünscht er mir und ich beeile mich, den Helm aufzusetzen und durch die offene Schranke zu sprinten, als käme ich aus dem Gefängnis frei. Tatsächlich versperrt hinter dem Haus, in dem wohl die Zollbehörde der Grenzstation untergebracht ist, eine weitere Schranke den Weg. Eine Kamera überwacht den Platz davor. Langsam rolle ich auf die geschlossene Schranke zu, dann hebt sie sich und entlässt mich in das Land der Elche und Möbelhäuser. Zügig mache ich mich von dannen, diese Episode hat unnötig viel Zeit gekostet.

Auf dem Parkplatz eines Supermarktes in der Nähe schaue ich mir genauer an, was mein Navi vorhatte und vergrößere den Kartenausschnitt der Strecke, die es vorhin fahren wollte. Und wie so oft bei Fehlern, die elektronische Geräte scheinbar begehen, lag auch in diesem Fall der Fehler eindeutig zwischen den Ohren des Bedieners. Ich könnte mir in den Hintern beißen, als ich erkenne, was das Navi auf die buchstäblich falsche Spur gebracht hatte: Als einen der Wegpunkte für die heutige Etappe hatte ich, als ich die Strecke am PC ausgearbeitet hatte, unter anderem einfach einen Punkt auf der Öresundbrücke angeklickt und die Strecke anschließend aufs Navi übertragen. Beim Vergrößern der Ansicht kann ich jetzt aber deutlich erkennen, dass der Punkt eindeutig auf der Fahrbahn in Richtung Dänemark liegt. Das Gerät hat also alles richtig gemacht und versucht, mich auf kürzestem Wege dorthin zu führen. Ich lösche die verhängnisvolle Wegmarke im Navi und merke mir die Erfahrung für die nächste Streckenausarbeitung. Prompt möchte das Navi nun ganz richtig auf die E6 Richtung Göteborg und ich befolge seine Anweisung gerne. In Gedanken nehme ich alle Beschimpfungen und Flüche zurück.

Die Autobahn umrundet nun Malmö, die Stadt mit den höchsten Durchschnittstemperaturen Schwedens, um dann in ihrem weiteren Verlauf als E6/E20 nach Norden in Richtung Göteborg an der Küste des Kattegat entlangzuführen. Auch wenn man das Meer tatsächlich nur selten zu sehen bekommt, so macht es sich doch durch seinen ständigen Wind bemerkbar. Stellenweise ist der in Böen schon recht heftig. Indem er pausenlos von links weht, zwingt er das Motorrad in eine dauernde leichte Schräglage. Um das auszugleichen, schiebe ich den Tankrucksack etwas nach links und setze mich auch ein bisschen linkslastig hin. So läuft die Maschine wenigstens senkrecht. Wenn ich mir auf den langen Autobahnetappen schon die Reifen eckig fahre, dann wenigstens nicht schief eckig.

Trotz des Sonnenscheins kühlt es merklich ab, je weiter ich

nach Norden komme. Ab morgen kann ich schon ganz auf Winterausrüstung umstellen.

Kurz vor Göteborg folge ich einem Hinweisschild, das mit leckeren Fast-Food-Köstlichkeiten wirbt und zu einem großen überdachten Kiosk in der Nähe führt. Auf dem unebenen Parkplatz davor muss man aufpassen, dass man nicht neben einem der tiefen Schlaglöcher stehen bleibt und die Fuhre umlegt, weil das Bein zu kurz ist, um bis zum Boden zu reichen. Es geht alles gut, das Moped steht sicher und drinnen bestelle ich mir einen Hamburger mit Pommes und Cola. Ich bin der einzige Gast. Der Wirt beginnt, frisches Fleisch zu braten und richtet mir schließlich ein Essen an, das sich sehen lassen kann. Ein riesiger, wirklich super leckerer Hamburger, umgeben von goldgelben Pommes, alles ganz frisch und heiß. Ich genieße mein Essen und unterhalte mich dabei ein wenig mit dem Wirt, der ausgezeichnet englisch spricht.

Nun ist es nicht mehr weit bis nach Kungälv in der schwedischen Provinz Västra Götaland und ich stürze mich nunmehr frisch gestärkt in den Feierabendverkehr Göteborgs. Zu allem Überfluss beginnt es, heftig zu regnen. Das Wetter kommt von der Seeseite her und hat den kurzzeitigen Sonnenschein in nur wenigen Minuten wieder vertrieben und den Himmel mit schwarzen Wolken verhangen. Jetzt wird es auch richtig kalt.

Nach einer gefühlten Ewigkeit im Stop-and-Go-Verkehr erreiche ich endlich Kungälv. Trotz des strömenden Regens macht die Stadt einen sehr sympathischen Eindruck auf mich, es fühlt sich fast so an, als sei die Zeit hier etwas langsamer verlaufen. Alles wirkt irgendwie altertümlich und nicht so hektisch wie in vielen modernen, großen Städten. Über eine kleine Brücke mit hölzernen Geländern führt die Straße auf die baumbestandene Insel Bagaholm, mitten im Fluss Göta älv. Zu Füßen der ehemaligen Festung Bohus liegt die Herberge, das »Vandrarhem«. Wie schön, dass ich nun bald eine Pause von der doch recht langen Fahrt werde machen können. Und wie schön das Vandrarhem anzuschauen ist! Es besteht außen ganz aus gelb lackierten Holzdielen, Fenster und Ecken der Wände sind mit weißen Leisten verziert. Die Front ist mit mehreren blau-gelben Schwedenflaggen geschmückt. Sie wehen neben den altertümlichen Kassettenfenstern, die mit braun gestrichenen Holzrahmen in perfekter farblicher Harmonie zum Ganzen stehen. Auf der Vorderseite des Daches befindet sich ein kleiner, ebenfalls überdachter Aufbau, einem Glockenstuhl ähnelnd, der unten die Jahreszahl 1881 und darüber eine kleine funktionstüchtige Glocke trägt. Vor dem Haus geleiten braune Holzgeländer die Besucher je zu einem der beiden Eingänge. Nur der linke scheint geöffnet zu sein und durch ihn betrete ich das altehrwürdige Haus.

Der vordere Bereich der Eingangshalle wird nur von einer schwachen Glühbirne erhellt, weil er selbst kein Fenster hat. Geradeaus weiter stößt man direkt auf den hell erleuchteten Tresen der Rezeption, der von einer Jalousie verschlossen ist.

Das liebenswürdige Ambiente des Hauses, das sich einem schon im Eingangsbereich erschließt, ist urig, voller Charme und mit festem altem Charakter. Linker Hand vor der Rezeption höre ich klapperndes Geschirr aus einem Nebenraum und etwas zögerlich strecke ich den Kopf hinein und rufe »Hello!«. Keine Antwort, weiteres Klappern. Schließlich gehe ich in den Raum, bis ich erkenne woher die Geräusche kommen. Der Boden ist uneben und die Holzdielen knarzen bei jedem meiner Schritte. Ein älterer Herr ist dabei, Geschirr abzuwaschen und lächelt freundlich, als er mich bemerkt. Ich begrüße ihn und bitte um Entschuldigung für die Störung. Ob es denn möglich sei, hier eine Nacht mit meinem Zelt zu übernachten, erkundige ich mich. Er trocknet seine Hände an der Schürze, die er an hat und geht mit mir zurück zum Empfang, während er auf Englisch erklärt, dass er auch nur Gast des Hauses sei, mir aber gerne helfe.

Er sieht den heruntergelassenen Rollladen und öffnet daraufhin ohne zu zögern oder anzuklopfen die Tür, die sich daneben befindet und die in den Raum hinter dem Tresen führt. Dort sitzt, sichtlich nicht auf Besuch gefasst, eine junge, etwa fünfundzwanzigjährige Frau mit rot-grün gesträhnten blonden Haaren in einem bequemen Stuhl und macht Pause. Ihr Adrenalinspiegel schießt in die Höhe, sie springt auf und ist im ersten Moment irritiert, was denn gerade passiert ist. Der alte Mann beruhigt sie und redet mit ihr ein paar Sätze auf schwedisch. Vermutlich erklärt er, wer ich bin, oder was ich will. Sie hat sich auch ganz schnell wieder im Griff, scheucht uns aus dem engen Kabuff, öffnet den Tresen und gewinnt ihre Sicherheit zurück, als sie mir auf der anderen Seite der Theke gegenübersteht. Ungläubig fragt sie noch einmal nach, als ich erkläre, dass ich im Zelt übernachten möchte. Sie gibt mir freie Platzwahl im gesamten Uferbereich des Flusses, bietet mir aber sicherheitshalber noch einmal an, eine Hütte zu mieten, von denen sie vier Stück zur Verfügung habe. Mein Entschluss steht, ich möchte zelten. Ich frage mich, ob das so ungewöhnlich ist. Auf meine Nachfrage, wo denn Toiletten und Duschen seien, führt sie mich den engen, düster beleuchteten Gang hindurch zur Rückseite des Gebäudes, wo ein einziges Badezimmer mit Toilette und Dusche, das aber behindertengerecht, für die gesamte Herberge und den angrenzenden Campingplatz zur Verfügung steht, sowohl für Männlein als auch Weiblein. Von außen sei theoretisch noch ein Waschraum verfügbar, rückt sie zögerlich heraus, der sei aber wegen Renovierungsarbeiten momentan nicht nutzbar, sie wisse auch nicht, wann das wieder sein werde. Macht nichts, denke ich mir.

Vor dem Toilettenraum befindet sich ein Fernsehzimmer mit alten, blankgesessenen, hocharmigen Ledersesseln, wie sie vermutlich 1881 der letzte Schrei waren und heute vielleicht wieder stylish sind. Dort kann man gegebenenfalls stilvoll warten, bis das stille Örtchen wieder frei ist.

OKAY! Ich bedanke mich für die wirklich nette Bedienung und gehe raus in den Regen, um mit dem Motorrad am Heim vorbei auf den dahinter liegenden Campingplatz am Ufer der Göta älv zu gelangen. An den vier Hütten vorbei, die in dem gleichen gelb-weiß wie das Haupthaus gehalten sind und an denen ebenfalls kleine schwedische Fähnchen wehen, rolle ich ans Ufer. Auch hier ist wie in Flensburg kein weiteres Zelt zu sehen, dafür aber zwei Wohnmobile. Eins aus Hannover, das andere aus Schweden. Was soll's, ich klappe den Seitenständer aus und verzichte darauf, den mutmaßlich besten Platz auf diesem Gelände zu finden, sondern lade die RT an Ort und Stelle ab und beginne mit dem Zeltaufbau. Morgen früh bin ich eh wieder weg, wird schon passen.

Es dauert auch trotz, oder vielleicht wegen des Regens gar nicht lange, bis das Zelt aufgebaut und alle meine Utensilien darin verstaut sind. Eigentlich würde ich mich jetzt auch ganz gerne mal ein paar Minuten hinlegen, aber es behagt mir nicht, dass Bertha auf der immer nasser und weicher werdenden Wiese steht. Noch in den Motorrad-Klamotten mache ich mich auf die Suche nach flachen Steinen oder geeigneten Holzstücken, die ich unter den Fuß des Seitenständers legen könnte.

Während ich kurz darauf die verschiedenen Stücke meiner Sammlung ausprobiere, aber mit keinem so wirklich glücklich bin, fällt mir auf, dass die Insassen des hannoveranischen Wohnmobils offenbar in rege Unterhaltung über mich geraten sind. Immer wieder zeigt der ältere Herr auf mich und seine Frau scheint ihn von etwas abhalten zu wollen. Dann öffnet sich plötzlich die Tür des Campers und er kommt entschlossen heraus. Offensichtlich hat er sich durchsetzen können. Er geht zu einer der Außenklappen und holt dort einen Unterlegkeil heraus, wie man ihn verwendet, um das Fahrzeug absolut eben hinzustellen. Damit kommt er zu mir.

Seine Frau und er hätten beobachtet, dass ich versuche, das Motorrad sicher hinzustellen und er würde mir gerne seinen Unterlegekeil anbieten, um es über Nacht abzusichern. Morgen früh brauchte er ihn aber wieder. Er sei selbst eingefleischter Motorradfahrer, habe eine BMW Soundso und nennt mir eine Zahlen-Buchstaben-Kombination, von der ich noch nie zuvor gehört habe. Dankend lehne ich jedoch den Keil ab, weil er nicht wirklich geeignet ist und ich glaube, noch etwas Besseres finden zu können. Dennoch ergibt sich ein ausgiebiges Gespräch über unsere Touren, er kommt nämlich vom Nordkap herunter und gibt seine Erlebnisse der vergangenen Wochen zum Besten.

Zum Schluss gibt er mir noch einen Tipp mit auf den Weg. »Lassen sie sich von einem alten weisen Mann einen guten Rat geben!« Er erklärt mir, dass von Rentieren und Elchen große Gefahren ausgehen, vor allem deshalb, weil sie sich bei Regen gerne in den Tunneln unterstellen. Und zwar in den ersten Metern des Tunnels, wo man bei der Einfahrt noch ein wenig blind ist, weil sich die Augen noch nicht umgestellt haben. Das hört sich sehr plausibel und nach einem echt wertvollen Rat an, den ich mir merken werde.

Im Regen sind wir beide während unserer Unterhaltung ziemlich nass geworden. Er zieht sich wieder in sein Wohnmobil, vielleicht auf eine Tasse Kaffee, zurück.

Mir ist während des Gespräches ein Handwerker aufgefallen, der am Haupthaus mit Holzarbeiten beschäftigt war und jede Menge Bretter zugesägt hat. Nun ist er weg, aber unter dem kleinen Vordach liegt noch massenweise Holz herum. Sofort gehe ich hin und schaue nach, ob er vielleicht interessante Holzreste dagelassen hat. Und tatsächlich steht dort ein Eimer mit abgeschnittenen Endstücken, für die er bestimmt keine Verwendung mehr hatte. Und da ist auch ein gut handtellergroßes, nicht zu dickes Stück Holz, das laut und deutlich zu mir sagt: »Nimm mich mit, ich werde mit dir reisen und deine Bertha immer gut abstützen!« Das Stück ist beinahe ideal! Und es passt hervorragend in das verschließbare Fach in Berthas Verkleidung. Dort ist es jederzeit zur Hand, wenn ich es brauche.

Am späten Abend kann ich ohne warten zu müssen unter die Dusche hüpfen, danach nutze ich das im Fernsehraum freie WLAN für eine Meldung nach Hause. Dann verschwinde ich im Zelt und kann mich endlich auf's Ohr hauen.

Zum Essen habe ich gar keine Lust mehr. Mühsam schreibe ich ein paar Stichworte in mein Reisetagebuch, weil ich weiß, dass es mich morgen ärgern wird, wenn ich es nicht tue, denn dann fällt mir vielleicht die Hälfte nicht mehr ein.

Währenddessen hört der Regen auf, aber es bleibt kalt.

Morgen beginnt in den norwegischen Bergen meine eigentliche Tour. Ich mache eine Faust und voller Vorfreude sage ich leise »Ja!«

Kapitel 3: In die Berge

09. Juni
Kungälv (Schweden) - Gol (Norwegen)
N 60°41'30.4" / E 008°55'14.8"
460 km
Sonnenschein, abends Regen

Neugierig strecke ich den Kopf durch den halb geöffneten Reißverschluss des Zelteinganges und schaue zuerst auf den Platz gegenüber, um zu sehen, ob der weise, alte Mann schon abgereist ist. Aber sein Wohnmobil steht noch am selben Fleck, die Vorhänge der Fenster sind ringsum zugezogen.

Der zweite Blick gilt dem Wetter. Ich schaue mir den Himmel an und versuche zu erkennen, was er für meine heutige Etappe verheißt, die nach der Routenplanung nur 466 Kilometer lang sein wird. Der Himmel ist von lang gezogenen weißen Wolkenfeldern durchzogen, die sein Blau größtenteils verdecken. Sie tragen scheinbar keinen Regen in sich und schweben so hoch, dass die Sonne, die sich gerade erst über den Horizont erhoben hat, darunter hindurchscheint und den Himmel sozusagen von unten beleuchtet. Sie taucht den Fluss, das mit hohem Schilf bewachsene Ufer und den ganzen Campingplatz in goldenes Licht und bricht sich glitzernd in den unzähligen Wasserperlen, die noch von der Nacht auf den Pflanzen und der Zeltplane stehen.

Schnell verschwinde ich wieder im Zelt, krame in Windeseile die Kamera hervor und mache mich auf, das Licht der frühen Morgenstunde zu nutzen, um ein paar schöne Fotos zu schießen. Eigens für diese Tour habe ich mir vergangene Weihnachten eine gute Kamera schenken lassen, eine Nikon Coolpix

L 830. Denn bei den vorangegangenen Reisen haben sich die Möglichkeiten der Handy-Kamera schnell als nicht zufriedenstellend herausgestellt. Die Coolpix ist handlich, verfügt über einen 34-fachen Zoom und wird mit Batterien anstatt Akku bestückt. Vorteil: Man steht nicht plötzlich in der Wildnis mit leerem Akku da. Etwas Übung sollte man allerdings schon haben, wie ich schnell einsehen muss. Ich zappe durch die verschiedenen Möglichkeiten der Einstellungsmenüs, oftmals ohne genau zu wissen, was ich eigentlich mit manchen speziellen Features bewirken kann. Egal, ich knipse erst mal drauf los und probiere alles aus. Missratene Bilder kann ich später immer noch löschen. Heute Abend muss ich mir unbedingt die sehr ausführliche Bedienungsanleitung, die auf meinem Tablet gespeichert ist, genauer anschauen.

Nach und nach schiebt der Wind jedoch dunklere Wolken herbei und obwohl ich es heute gemütlich angehen wollte, beeile ich mich nun doch, reisefertig zu werden.

Das Winterfutter der Motorradhose ist schnell eingeknöpft und die Sommerhandschuhe tausche ich gegen die dicken, wasserdichten Winterhandschuhe, die in der rechten Packtasche verstaut sind. Der Platzgewinn ist enorm, nun passt der Inhalt des halben Tankrucksackes in die Packtaschen und das leere obere Stockwerk lässt sich nach einigem Umräumen im Topcase verstauen. Ja, das gefällt mir viel besser und es fühlt sich wesentlich vertrauter an, lediglich mit der unteren Hälfte des Tankrucksackes zu fahren.

Es nieselt bereits ein wenig, als ich wie immer zum Schluss das Zelt zusammenrolle und in seine Tasche packe. Dann lege ich es auf den großen, quer liegenden Packsack und habe damit alle meine Habseligkeiten an Bord.

Gerade als die beiden Spanngurte der Ladung auf dem Soziussitz festgezogen und die losen Enden der Gurte verknotet sind, öffnen sich gegenüber die Vorhänge und mein Freund aus Hannover winkt euphorisch aus seinem Führerhaus herüber. Ich grüße freundlich zurück, wünsche ihm eine gute Fahrt, was er aber natürlich nicht hören kann und schwinge dann umständlich mein rechtes Bein über den Sitz.

Der alte Herr schaut mir zu, wie ich langsam anfahre und ich wette, er wäre jetzt gerne an meiner Stelle. Zum Abschied winke ich ihm noch einmal kurz zu.

Die E6 nach Oslo ist sehr angenehm zu fahren. Die Schweden sind disziplinierter unterwegs als wir Deutschen oder die Dänen. Von der erlaubten Höchstgeschwindigkeit machen sie oft nicht einmal ganz Gebrauch und bleiben sogar noch leicht darunter. Natürlich hängt das auch mit den vielen fest installierten Radarfallen zusammen, die nach fast jedem Schild mit Geschwindigkeitsbegrenzung in einigem Abstand ihren Opfern auflauern. Immerhin werden diese Dinger vorher mit einem Schild angekündigt und man kann sich darauf einstellen. Wenn es da nicht die mobilen Blitzer gäbe, von denen hier garantiert jede Menge im Einsatz sind.

Aber heute bin ich gemütlich unterwegs, habe viel Zeit und bin gut drauf. Da freue ich mich doch, dass keiner drängelt, der gute Straßenbelag auch bei Regen genug Grip hat und ich vollkommen stressfrei reisen kann.

Die Landschaft verändert sich nun zusehends und wird gebirgiger. Dichte Wälder und Brücken über große Gewässer wechseln sich ab. Die vielen Schilder, die seit Malmö bereits vor Elchen warnen, scheinen hier wirklich gerechtfertigt zu sein. Es ist für mich nicht leicht einzuschätzen, wo die Gefahr, mit Elchen zusammenzustoßen, am größten ist, ich vermute aber, dass es so sein wird wie bei uns, dass Wildwechsel vor allem in den frühen und späten Stunden des Tages und im Bereich von Lichtungen vorkommen wird. Permanent scanne ich die Straßenränder nach Tieren ab, entdecke aber nichts, worauf ich reagieren müsste. Stattdessen bemerke ich relativ viele Tierkadaver auf der Straße.

Auf dem Display des Navis erkenne ich, dass ich bald die Grenze nach Norwegen überschreiten werde. Nach ungefähr 1.600 Kilometern Fahrt von zu Hause wird dann mein eigentliches Urlaubsland erreicht sein.

Schon bald trennen sich die Fahrspuren und je zwei führen in Richtung Nord oder Süd, werden auf die beiden Svinesund-Brückenhälften nach Oslo oder Göteborg geleitet. Der Svinesund ist eine Meerenge, die weit ins Land hineinragt und über eine gewisse Strecke die natürliche Grenze zwischen Norwegen und Schweden darstellt. Über ihn hinweg führen in 60 Metern Höhe über 704 Meter Länge die beiden Hälften der Svinesund-Brücke mit der Autobahn E6. Die gewaltige und wirklich schöne Brücke wurde von dem deutschen Bauunternehmen Bilfinger & Berger geplant und errichtet. Sie erhielt im Jahre 2006 den norwegischen Architekturpreis.

Als ich die Brücke überquere, hat sich das Wetter schon etwas gebessert und ich kann die überwältigende Aussicht auf den Sund und die bewaldeten Hänge genießen. Auch ein Autofahrer vor mir scheint das zu tun und wird deutlich langsamer, bis wir auf der anderen Seite angekommen sind, in der norwegischen Provinz Ostfold.

Ein Schild weist darauf hin, dass wir nun schon in Norwegen sind. Es stehen zwei Namen des Landes darauf, nämlich Norge und Noreg, die beide gültig sind und ihren Ursprung in längst vergangenen Zeiten haben.

Die Höchstgeschwindigkeit wird durch ein Schild auf 90

Stundenkilometer begrenzt. Das ist die normalerweise gültige Geschwindigkeit auf Autobahnen. Einige Teilstücke sind für *mörderische* 100 Stundenkilometer freigegeben. Innerorts sind die üblichen 50, außerhalb von Ortschaften 80 Kilometer pro Stunde vorgeschrieben, auch hier gibt es Ausnahmen, die 90 km/h gestatten.

Gleich nach der Brücke werden die Fahrzeuge wiederum auf zwei Spuren aufgeteilt. Links, grün gekennzeichnet, reihen sich alle ein, die nichts zu verzollen haben und die nach wenigen Metern wieder normal weiterfahren dürfen. Rechts, auf der rot markierten Spur, kommt man zur Grenzabfertigung in ein Gebäude, durch dessen Halle nochmals drei Fahrstreifen hindurchführen. Dort stehen Zollbeamte, die die Kontrollen bei den Einreisenden vornehmen.

Dummerweise ist die grüne Spur heute gesperrt und alle Fahrzeuge müssen, nachdem sie durch mehrere Halbschranken zu einem langsamen Zickzack-Kurs gezwungen wurden, in der Halle an den Beamten vorbei. Das eine oder andere Auto wird zur Seite geordert und genauer kontrolliert. Hoffentlich sehe ich unverdächtig genug aus, denn ich habe keine Lust darauf, mein ganzes Gerümpel aus- und wieder einpacken zu müssen. Mit abgenommenem Helm, vielleicht kann ich dem Zöllner damit signalisieren, dass ich nichts zu verbergen habe, rolle ich an ihn heran und werde durchgewunken. Super, jetzt nur den Hut wieder aufsetzen und ich kann weiter nach Oslo fahren.

Je näher man der Hauptstadt des Königreiches Norwegen kommt, desto mehr nehmen der Verkehr und die Hektik auf den Straßen zu. Da hilft es nicht gerade, die Verkehrslage zu entspannen, dass aus der vierspurigen Autobahn eine einspurige Straße mit Gegenverkehr wird, die sich im Stadtverkehr mit seinen zahllosen Baustellen schließlich verliert und irgendwie planlos mitten durch die Stadt führt. Ich bin überhaupt kein Fan großer Städte, deshalb habe ich vor, Oslo ohne Halt zu durchqueren. Obwohl die Stadt zweifellos einiges an Sehenswürdigkeiten zu bieten hat. Alles total spannend und sicher eine Reise wert, aber in Wirklichkeit reizen mich auf dieser Tour die Weite und Einsamkeit des hohen Nordens weitaus mehr. Es zieht mich raus aus der bedrängenden Enge und Bevölkerungsdichte, die sich die echten Nordmänner sicherlich nicht einmal vorstellen können. Ich fange an, ein wenig von der Wildnis zu träumen und lasse die Stadt hinter mir.

Hin und wieder erkennt man an der Beschilderung, dass man sich noch immer auf einer Europastraße befindet, der E6 oder anschließend im weiteren Verlauf der E16, aber von ihrem Charakter her sind sie in weiten Teilen kleine Landstraßen.

Nun, um die Mittagszeit, scheint die Sonne wie im Bilderbuch und an den Ampeln wird es mir doch recht warm in der Kutte. Die Kupplungshand wird vom ewigen Fahren im Stop and Go enorm beansprucht. Irgendwann ist das Stadtgebiet durchquert und ich bin endlich auf den landstraßenähnlichen E16 und Riksvej Nr. 7 in Richtung Gol unterwegs, um endlich das Norwegen zu erfahren, das mich so brennend interessiert und das ich unbedingt sehen möchte.

Während ich durch die schönen hügeligen Landschaften, oft noch in kleineren Autokolonnen, nordwestlich nach Gol rolle, meinem heutigen Etappenziel, fühle ich förmlich, wie sich meine Anspannung löst und zufriedene Gelassenheit in mir ausbreitet. Weite Streckenabschnitte sind auf 70 km/h begrenzt und zwingen mich, zwischen dem vierten und fünften Gang rauf- und runterzuschalten. Den sechsten brauche ich auf der ganzen Strecke schon seit Oslo so gut wie nie. Das Gezuckel, das mich sonst vermutlich etwas genervt hätte, lässt mich jetzt völlig kalt.

Mein Zeitplan ist leicht einzuhalten, ich kann es also gemütlich laufen lassen und die Aussichten genießen. Wenn es möglich wäre, würde ich sogar die Füße hochlegen und mich am Gepäck anlehnen, um zu beobachten, wie die Landschaft an mir vorüberzieht. Jetzt fahre ich entlang des Sees Krøderen, der sich mit 41 Kilometern Länge hierzulande eher zu den kleinen und unbedeutenden Gewässern zählen lassen muss. Das muss man sich mal vorstellen, bei uns wäre das schon 'ne Nummer. Bald wird mein Weg durch die Gebirge, über die Fjells und entlang der Fjorde führen und mich dem Ziel im äußersten Norden immer näher bringen, dem Nordkap.

Am nördlichen Ende des Sees beginnt das Hallingdal, ein beliebtes Wintersportgebiet, das mit einigen touristischen Attraktionen aufwarten kann.

Vor mir, am Beginn einer größeren Baustelle, steht eine lange Fahrzeugschlange und wartet darauf, dass der Arbeiter in gelber Schutzkleidung die gelbe Flagge sinken lässt, mit der er die enge Durchfahrt versperrt. Als ich mich hinten anstelle, fällt mir auf, dass die Autos vor mir den Motor ausgemacht und sich auf eine längere Wartezeit eingerichtet haben. Autotüren stehen offen, manche Leute steigen aus, strecken sich und genießen die erzwungene Pause. Früher hätte mich so etwas entsetzlich genervt, aber jetzt hat mich die skandinavische Entspannung fest gepackt. Also mache ich den Motor aus, bleibe seelenruhig sitzen und verschwende keinen Gedanken daran, wie lange so etwas hier üblicherweise dauert. Und schon nach wenigen Minuten kommt von der Gegenseite ein ganzer Konvoi angefahren. Vorneweg ein Auto der Straßenwacht mit gelbem Rundumlicht. Als es an der wartenden Kolonne auf dieser Baustellenseite vorbei ist, wendet es und wartet ab, bis alle Autos durch den Bereich durch sind und fährt dann in der anderen Richtung bis vor das erste Auto auf unserer Seite. Die Strecke wird freigegeben und wir folgen dem Safetycar über den matschigen Asphalt, bis wir nach etwa einem Kilometer die Baustelle durchfahren haben und wieder freie Fahrt bekommen.

In dem kleinen Ort Flå bin ich plötzlich hellwach, schaue kurz in den Rückspiegel und steige dann in die Bremsen. Neben der Straße steht ein riesiger Troll, also die Figur eines Trolls, auf seinen Stock gestützt und freundlich lächelnd, so dass man den letzten verbliebenen Zahn seines Gebisses sehen kann. Er ist in kräftigen Farben bemalt und schätzungsweise vier, fünf Meter hoch. Den muss ich einfach fotografieren, zumal das Wetter so schön ist und die Sonne lacht. Bei der Planung hatte ich sehr gehofft, an einer dieser Figuren vorbeizukommen, um davon ein Foto schießen zu können. Zufrieden krame ich die Kamera aus dem Tankrucksack, um den unheimlichen Gesellen mit der langen Nase zu verewigen. Nun bin ich also im Land der Trolle angekommen, jener vierschrötigen Fabelwesen in Menschengestalt im Westen Norwegens. Alles ist in bester Ordnung, ich fühle mich rundum wohl in meiner Haut.

Flå kann außerdem mit einem Bärenpark, dem »Bjørne Parken« aufwarten. Dort können außer echten Bären, die noch bis in die Siebziger Jahre hinein diese Gegend besiedelten, auch lebende Elche, Rehe und Luchse bewundert werden. Vor dem Park steht ein überdimensionaler Bär, auch mindestens vier Meter hoch, der versucht, freundlich zu lächeln, was ihm aber nicht so recht gelingen mag. Aber auch er wird ausgiebig geknipst, bevor ich wieder weiterfahre.

Schon am Ortseingang von Gol weisen Informationsschilder auf die berühmte Stabkirche des Ortes hin. Es handelt sich dabei um ein sehr beeindruckendes Exemplar der insgesamt 28 erhaltenen Stabkirchen Norwegens, die nachweislich über original mittelalterliche Kernsubstanz verfügen. Der Clou der Kirche in Gol ist, dass diese Stabkirche hier nur ein Nachbau der echten ist, die seit Ende des 19. Jahrhunderts in Oslo im norwegischen Volkskundemuseum bewundert werden kann. König Oskar II. nahm damals die Kirche, weil sie ihm so gut gefiel, zunächst in die königliche Sammlung alter Gebäude auf. Er ließ sie in Gol abbauen und in Oslo wieder errichten. Später wurde aus seinem Fundus ein Freilichtmuseum, das Norsk Folkemuseum, das dann die wertvollen Gebäude seiner Sammlung für jedermann öffentlich zugänglich machte.

Stabkirchen stammen aus dem 11. bis 13. Jahrhundert und markieren den Übergang der heidnischen Religionen zum Christentum in Skandinavien. Sie sind ganz aus Holz gefertigt und zeichnen sich dadurch aus, dass ihre Dächer im Wesentlichen auf senkrecht stehenden Masten, den sogenannten Stäben, ruhen, sowie durch die vertikale Anordnung aller Bauteile. An und in ihnen finden sich noch einige heidnische Elemente, wie etwa Drachenköpfe auf den Dächern, um echte Drachen fernzuhalten und hohe Schwellen an den absichtlich engen Eingangstüren, die unliebsame Geister davon abhalten sollten, die Kirche zu betreten. Einige Schnitzereien sind als Abwehrzauber vor den einstigen heidnischen Gottheiten gedacht. Im Inneren der hölzernen Kirchen herrscht eine warme, fast heimelige und dennoch andächtige Atmosphäre. Das mag neben dem Baumaterial auch damit zusammenhängen, dass auf übertriebenen Prunk und Glanz verzichtet wurde und man sich ganz auf das Wesentliche des Glaubens konzentrierte.

Ob es im Sinne von Jesus gewesen wäre, Unsummen in pompöse Kirchengestaltungen zu stecken, wie man sie allerorten finden kann, während anderswo auf der Welt bittere Armut herrscht, wage ich an dieser Stelle einmal zu bezweifeln.

Nicht weit nach dem Ortsausgang erreiche ich »Personbråten Camping«, mein heutiges Tagesziel. Die Dame an der Rezeption kommt aus dem winzigen Holzhäuschen heraus und begrüßt mich sehr freundlich. Sie erklärt mir, welche Plätze die schönsten sind, wo sich die sanitären Einrichtungen befinden und wie das WLAN-Password lautet. Dann rolle ich entlang der Camping-Parzellen und bemerke, dass ich wohl auch hier der einzige Camper mit Zelt sein werde. Zwischen zwei holländischen Wohnmobilen, die relativ weit auseinanderstehen, finde ich einen schönen Platz, um mein Lager aufzuschlagen. Nur einen Steinwurf entfernt sehe ich eine hölzerne Sitzgruppe, dort kann ich nachher mein Abendbrot zubereiten und essen.

Der Campingplatz liegt sehr schön an einem reißenden Fluss, in dem das Wasser ungestüm über zahllose Felsen rauscht. Das diesseitige Ufer des Wildbaches ist nur kletternd über ein großes Feld aus groben Felsen zu erreichen, auf der anderen Seite des Gewässers erhebt sich ein bewaldeter Hang direkt an der Uferböschung. Betrachtet man den Hang und den Bach davor von hier aus, hat man den Eindruck, als befände man sich in der Wildnis und noch niemand sei je zuvor an diesem Ort gewesen.

Je weiter ich heute nach Norwegen hineingekommen bin, desto schöner wurde die Landschaft. So, wie man sich Norwegen vorstellt, mit viel Wasser, senkrecht empor wachsenden dunkelgrauen Felswänden, roten Holzhäusern und Wäldern so weit das Auge reicht.

Nach dem Zeltaufbau und einer kurzen Verschnaufpause gehe ich duschen, wasche heute wieder meine Klamotten und hänge sie am Moped zum Trocknen auf. Bei dem starken Wind wird es wohl nicht sehr lange dauern, bis die Sachen trocken sind. Dann kümmere ich mich um das Abendessen, Camperalltag eben.

Auf die Jägerpfanne, obwohl es sich dabei nur um ein Tütengericht handelt, freue ich mich schon den ganzen Tag. Endlich eine warme Mahlzeit. Bei dem kalten Wind dauert es allerdings eine ganze Weile, bis sie fertig zubereitet ist. Aber dann, heiß und im Alu-Kochgeschirr schmeckt sie gar nicht mal so schlecht, auch wenn der Wind sie mir fast von der Gabel pustet.

Nach dem Essen schnappe ich meinen Fotoapparat, spaziere über den Campingplatz und durch die nähere Umgebung und schieße ein paar Fotos. Eine Handvoll Leute, denen ich begegne, grüßen mich freundlich und wir tauschen nette Belanglosigkeiten aus. Englisch scheint hier für niemanden ein Problem zu sein. Vor der Tour habe ich gelesen, dass die Nordmänner und -frauen eigenbrötlerisch, miesepetrig und knurrig sein sollen. Das kann ich überhaupt nicht bestätigen, bisher bin ich auf sehr nette, offenherzige Menschen gestoßen. Und auch die norwegischen Tankstellenkassiererinnen sind auf Zack. Eine hat mich heute in ein Gespräch über's Wetter verwickelt und nicht gehen lassen, ohne mir noch einen großen Kaffee anzudrehen. Aber auf eine sehr liebenswürdige Art und Weise.

Am Abend liege ich bei angenehmen Temperaturen um fünfzehn Grad sehr gemütlich im Zelt und kann bis tief in die Nacht hinein lesen und schreiben, weil es erst gegen Mitternacht dunkel wird. Draußen rauscht der Wildbach und beständig rüttelt der Wind am Zelt. Wie schön kann das einfache Leben sein?

Kapitel 4: Stabkirchen und Fähren

10. Juni
Gol - Skjolden
N 61°29′10.2" / E 007°39′00.6"
228 km
regnerisch, kalt, stürmisch

Manche Campingplatzbetreiber sollten verpflichtet werden, das gleiche Toilettenpapier bei sich selbst zu verwenden, wie das, das sie ihren Gästen zumuten. Dann würde sich ganz sicher auf vielen Plätzen etwas ändern, was die Qualität des Klopapiers angeht. Dieses hier ist jedenfalls absolut unbrauchbar. Noch ärgerlicher finde ich es allerdings, dass in meinem Zelt eine Rolle wunderbar weichen dreilagigen Papiers für alle Fälle im Packsack auf seinen Einsatz wartet, während hier nur ein Hauch von Schmirgelpapier …

Bei sieben Grad und grau verhangenem Himmel beginne ich schon sehr früh am Morgen damit, meine Sachen zusammenzupacken. Bei dem kalten Wind ist es mir zu ungemütlich, hier zu frühstücken und ich koche mir auch keinen Kaffee. Viel lieber mache ich mich nach einer Katzenwäsche in dem alten Waschhaus daran, schnell wieder auf die Straße zu kommen. Warme Unterwäsche und Thermohemd scheinen mir heute die richtige Wahl zu sein. In angemessenen Klamotten kann es auf dem Motorrad sogar gemütlicher sein, als bei schlechtem Wetter irgendwo herumzusitzen und zu frieren. Schön dick in wasserdichte Sachen gehüllt, friert man während der Fahrt nicht so leicht und kann sich sogar bei Regen sehr wohlfühlen. Soweit die Theorie.

Die anstehende Etappe wird sicher sehr interessant werden, ich freue mich schon darauf, seit ich sie zu Hause geplant habe. Drei Stabkirchen, zwei Fähren und der erste Abstecher in Norwegens Berge, in die »norwegischen Alpen«, stehen auf dem Programm.

Gegen 8:30 Uhr komme ich schließlich los, das Wetter ist sehr windig, bedeckt und mit zehn Grad etwas frisch. Statt auf meiner geplanten Hauptroute weiterzufahren, lege ich zunächst einen kleinen Schlenker zur Stabkirche in Torpo ein. Auf meiner Karte ist sie gar nicht verzeichnet, deshalb habe ich sie bei der Planung auch nicht berücksichtigt, obwohl sie doch nur wenige Kilometer von hier entfernt steht. Erst ein touristisches Hinweisschild hat mir ihre Existenz verraten und als dritte Stabkirche in die heutige Planung einfließen lassen.

Torpo ist ein kleiner Ort an der Riksvej Nr. 7. Schon am Ortseingang ist der Weg hinauf zum Friedhof mit der »Stavkirke« ausgeschildert. Es scheint, als sei der Ort vom Massentourismus komplett verschont geblieben. Mit mäßiger Geschwindigkeit tuckere ich durch den Ort den Berg hinauf und werde dabei von den Anwohnern argwöhnisch beobachtet, »Ein Fremder ist in der Stadt ...« Ein Landwirt lässt für einen Moment von seiner Arbeit am Traktor ab, begutachtet mich kurz und grüßt, indem er die Hand hebt. Dabei wird mir bewusst, dass ich weder in Schweden, noch auf der Strecke in Norwegen nennenswerte Landwirtschaft bemerkt habe. Etwas Viehzucht vielleicht, hin und wieder ein paar Kühe, aber sonst hatte ich stets das Gefühl, mich durch nahezu unberührte Natur zu bewegen. Richtige Äcker sind mir gar keine aufgefallen.

Oben am Friedhof ist denn auch kein Besucherparkplatz, der den möglichen Besucherstrom aufnehmen könnte, sondern man muss sehen, dass man sich an der Bushaltestelle nach Möglichkeit so hinstellt, dass man niemanden stört. Prima, Bertha steht hier auf einem ziemlich ebenen Platz, schön gerade auf dem Hauptständer, dann kann ich nachher mal den Ölstand checken, das darf ich nicht vergessen!

Hier oben ist eine ganz eigene Atmosphäre, so früh an diesem ungemütlichen Morgen. Das schmiedeeiserne Tor zum Kirchhof ist nicht verschlossen und lässt sich leicht öffnen. Der Friedhof besteht, ganz anders als bei uns, nicht aus einzelnen, fein säuberlich eingefriedeten Grabfeldern, sondern aus einem super gepflegten Rasen, auf dem, in angemessenen Abständen zueinander, die Grabsteine für die jeweiligen Toten errichtet sind. Es führen keine Wege zu den einzelnen Grabstätten, nur ein Pfad aus flachen, ungleich geformten Steinplatten bringt die Besucher quer über den Friedhof zu den beiden Kirchen, die inmitten des von alten, mächtigen Eichen, Kiefern und Birken bestandenen Friedhofs thronen. Die vordere der beiden ist wohl die aktuell benutzte Kirche des Dorfes. Sie ist nicht gerade groß, besteht aus weiß gestrichenen senkrechten Holzbrettern und sieht vom Aufbau her aus, wie eine der üblichen Dorfkirchen auch bei uns. Glockenturm, Hauptschiff und eine kleine angebaute Sakristei. Hier kommt man mit dem Nötigsten aus. Auch bei dieser Kirche fällt schon von außen die Schlichtheit auf. Die braun abgesetzten Kassettenfenster sind alle mit normalem Fensterglas versehen, statt mit aufwändigen Fensterbildern aufzuwarten und auch sonst sind an der Kirche keinerlei Verzierungen zu erkennen. Das Dach ist mit grauen Schindeln gedeckt.

Direkt daneben steht die Stabkirche, vielmehr das, was von ihr übrig geblieben ist, denn 1880 sollte die auf das Jahr 1200 datierbare Kirche, die vermutlich auf den gefundenen Holzresten einer noch älteren Kirche entstanden ist, abgerissen werden. Man ließ dann aber nach einigen Protesten wenigstens den mittleren Teil mit dem Turm stehen. So blieb das Mittelschiff mit seinen Säulen bis heute erhalten. Sie sieht deshalb etwas ungewöhnlich, irgendwie unvollständig aus, ihr fehlen schließlich die umgebenden Anbauten. Mein erster Gedanke ist daher, dass wohl nicht sehr viele Leute in sie hineinpassen, so wie sie nun dasteht. Dunkles Holz, ein mit den gleichen Steinplatten gedecktes Dach, wie die, mit denen der Weg ausgelegt ist, nur sehr wenige kleine Fenster und Schnitzereien an den wichtigsten Säulen strahlen förmlich den Hauch der Jahrhunderte aus. Die enge Eingangstür ist von kunstvollen Schnitzereien in normannischem Stil umrahmt. Vermutlich handelt es sich bei den Drachenornamenten und Masken um Abwehrzauber gegen die heidnischen Geister, die so am Betreten der Kirche gehindert werden sollen. Die Beschläge der Tür scheinen mir noch original zu sein, jedenfalls sind sie sehr alt. Die Kirche ist nicht verschlossen und ich kann im Inneren eine bekannte Baldachinbemalung aus dem 13. Jahrhundert bestaunen. Sie zeigt Jesus Christus in der Mitte seiner zwölf Apostel.

Etwas abseits der beiden Kirchen, aber noch auf dem Friedhof, befindet sich eine kleine geduckte Hütte, deren tief reichendes Dach mit Gras bewachsen ist und die dunkle, fast schwarze Holzwände hat. Die weiß gestrichenen Fensterrahmen und bunten Blumen am Eingang lassen sie sehr ansprechend aussehen. Als ich sie mir aus einiger Entfernung anschaue, öffnet sich die Tür, eine ältere Dame kommt heraus und schreitet entschlossen auf mich zu. Oh je, hoffentlich ist hier kein Fotografierverbot. Ich halte die Kamera noch in der Hand, den rauchenden Colt sozusagen. Aber sie fragt mich sehr nett auf Englisch, ob sie mir irgendwie behilflich sein kann. Sie muss wohl die Küsterin oder Friedhofswärterin sein. Freundlich lehne ich ihre Hilfe ab und sage, dass ich mir nur die schönen Kirchen ansehen wollte. Sie lächelt nett und geht zurück zu dem Häuschen und ich frage mich, ob sie wohl darin wohnt oder ob es nur ihr Arbeitsplatz ist. Hätte ich sie mal besser gefragt, aber ich will sie jetzt nicht mehr ansprechen. Dann verlasse ich diesen idyllischen, friedvollen Platz. Der Abstecher hierher hat sich wirklich gelohnt.

Zum Glück denke ich dieses Mal tatsächlich dran, nach dem Ölstand der RT zu sehen, das vergesse ich sonst nur zu oft. Aber nun, nach ungefähr 2.000 Kilometern ist es echt wichtig, das zu tun. Entgegen meiner Erwartung, bisher etwa 600 Milliliter Öl verbraucht zu haben, ist der Ölstand aber nur ganz wenig, vielleicht ein Drittel dessen, worauf ich mich eingestellt hatte, abgesunken. Super, das kann von mir aus so bleiben. Dann hätte ich gar nicht so viel Öl zum Nachfüllen mitnehmen müssen. Auf dieser Reise habe ich, obwohl ich mir vorgenommen hatte, so wenig wie möglich mitzunehmen, irgendwie doch wieder alles dabei, was ich eventuell werde gebrauchen können.

Nach wenigen Kilometern bin ich wieder auf meiner ursprünglich geplanten Route und nach kurzem Boxenstopp in Gol geht die Fahrt nun frisch betankt weiter in Richtung Steinklepp über die Straße Nr. 52. Hier im Tal ist es im Laufe des Vormittags erstaunlich warm geworden und wegen der warmen Unterwäsche eigentlich nur mit geöffneter Jacke halbwegs angenehm.

Aber je weiter ich mich dem Hemsedalfjell, norwegisch »Hemsedalfjellet«, nähere, desto kühler und windiger wird es und schon bald beginnt es, trotz des schönen blauen Himmels richtig winterlich zu werden. Die Straße führt immer nur bergauf und obwohl ich es doch eigentlich schon weiß, überrascht es mich nun doch, mich in einer Gegend wiederzufinden, die durchaus als alpin zu bezeichnen ist, wo doch die tatsächliche

Höhe über dem Meeresspiegel nur ein paar hundert Meter beträgt. Die Baumgrenze, die in den Alpen ungefähr bei 2.000 Metern liegt, beginnt in Südnorwegen bereits bei 900, weiter im Norden sogar schon um die 500 Meter Höhe über Null.

Von manchen Bergen rauschen beachtliche Wasserfälle herab. Sie werden vom schmelzenden Schnee gespeist, der die Gipfel weithin leuchten lässt, wenn die Sonne bis zu ihnen durchdringt. Wann immer es mir möglich ist, halte ich an und versuche, diese beeindruckenden Naturschauspiele auf Fotos festzuhalten. Aber das Wetter wird dann doch immer ungemütlicher, der Wind immer stärker und es macht schon bald keinen Spaß mehr, die warmen Handschuhe auszuziehen, um die Kamera zu bedienen. Überhaupt, wenn ich alles fotografieren wollte, was hier irgendwie toll und außergewöhnlich aussieht, hätte ich viel zu tun und wäre wahrscheinlich besser mit dem Fahrrad oder idealerweise gleich zu Fuß unterwegs. Dann hätte ich die Kamera schneller zur Hand.

Vor einem geöffneten Schlagbaum gibt ein fest installiertes Schild mit beleuchteten, auswechselbaren Einsätzen Auskunft darüber, ob das Fjell offen ist, oder nicht. Ein norwegisches Wort leuchtet in dieser Anzeige grün auf, was ich als »offen« interpretiere und die senkrecht stehende Schranke ohne zu bremsen passiere, um von nun an durch herrliche Kurven stetig bergauf in die immer spärlicher werdende Vegetation des Hemsedalfjells aufzusteigen. Meter um Meter erklimmt die Straße Nr. 52 in lang gezogenen Kurvenkombinationen und engen Spitzkehren den Berg, um ihre wenigen Benutzer hinauf auf die Hochebene in 1.100 Metern Höhe zu bringen und sie dort schutzlos dem scharfen, eiskalten Wind preiszugeben. In den Senken der Hochebene haben sich unzählige kleine Seen und Tümpel gebildet, die größtenteils zugefroren und von pappigem Schnee bedeckt sind. Und das im Juni! Für uns Mitteleuropäer mehr als ungewöhnlich.

Charakteristisch für Fjells ist, dass sie oberhalb der Nadelwaldgrenze liegen. Es sind Berge oder abgeflachte Hochflächen eiszeitlicher Prägung, also mit abgerundeten Tälern und sanft geschwungenen Erhebungen. Hier befindet sich die Bergtundra und es vegetieren, das Wort »gedeihen« möchte ich hier nicht verwenden, robuste gedrungene Zwergsträucher, spirrelige, vom Wind gekrümmte Miniaturbirken, rotbraune Moose und Flechten. Es gibt nichts, was sich dem ständigen Wind, der kalt und böig vom Europäischen Nordmeer im Nordwesten daherkommt, mit Erfolg entgegenstellen könnte.

So wie bei uns in Deutschland hin und wieder eine elektronische Anzeigetafel Auskunft über die eigene gefahrene Geschwindigkeit gibt, so informieren derartige Anzeigen hier über die aktuelle Windgeschwindigkeit auf dem Fjell. Ich lese im Vorbeifahren, dass die Wind-Speed oben 16 m/s beträgt und überschlage, dass das etwa 60 km/h sind. Ist das viel? Keine Ahnung, ich glaube schon. Mal sehen. Noch hält sich aber der Wind in Grenzen und stört mich nicht. Inzwischen habe ich die Griffheizung eingeschaltet und lege auch keine ungemütlichen Fotostopps mehr ein, bei denen ich Helm und Handschuhe ausziehen müsste.

Eine ganze Weile cruise ich durch diese unwirtliche Gegend und staune, dass es hier doch recht viele einsam stehende Häuser mit ihren typischen, fast immer rot angestrichenen Holzwänden gibt. Sie stehen meist weit abseits der Straße und sind über ungeteerte Wege zu erreichen. Ob die wohl fließendes Wasser und Strom haben? Doch, ich glaube schon. Masten mit Stromleitungen sind immerhin zu sehen. Wovon ihre Bewohner leben, kann man nicht erkennen. Von der Landwirtschaft aber sicher nicht, denn Anzeichen für Ackerbau, wie ich ihn kenne, konnte ich noch nirgends in Norwegen sehen. Gibt es hier schon Rentierzüchter? Vielleicht sind es auch einfach nur Ferienhäuser.

Es ist nun doch verflucht kalt geworden und der Wind kann gut und gerne als stürmisch bezeichnet werden. Die Kälte ist schon seit einiger Zeit in meine Klamotten gekrochen und mich fröstelt recht ordentlich. Egal, denke ich noch, auf der anderen Seite des Fjells geht's ja wieder runter und dann wird es sicher auch wieder wärmer. Aber es beginnt schließlich heftig zu regnen. Eiskalt! Mein Bordthermometer zeigt drei Grad an, glücklicherweise schneit es nicht, dann würde ich hier bald festsitzen. Hätte ich doch schon früher reagiert, denn ich möchte hier in den Haarnadelkurven nicht anhalten und muss noch ein paar Minuten durch den Regen fahren, bis ich in einer Ausweichbucht fast ganz oben auf dem Fjell stehen bleiben und mir die Regensachen überziehen kann. Bei diesem Stopp realisiere ich erst, wie stark der Wind wirklich ist. Immer wieder zwingt er mich mit seinen stürmischen Böen zu ungewollten ausgleichenden Schritten. Um nicht das Gleichgewicht zu verlieren, muss ich mich ihm fest entgegenstellen. Die eisigen Regentropfen, die beinahe waagerecht angeschossen kommen, fühlen sich im Gesicht wie Nadelstiche an. Vorsichtshalber gehe ich auf die rechte Seite des Motorrades, weil ich mir nicht sicher bin, ob der Wind es nicht doch schafft, es vom Seitenständer auf die rechte Seite umzuwerfen. Mit dem vielen Gepäck auf dem Sitz und im Topcase liegt der Schwerpunkt der Maschine recht hoch und sie bietet dem Sturm eine große Angriffsfläche. Boah, ist das ungemütlich hier! Und echt saukalt, ich rüste nun komplett auf Winter um. Gefütterte Halskrause, Frotteejacke unter die Motorradjacke, isolierende Unterhandschuhe, Regenjacke und, weil die Regenjacke total schwarz ist und ich bei regnerischem

Wetter gesehen werden will und nicht schwarz getarnt auf der Straße oder unsichtbar im Graben liegen möchte, auch die Warnweste in Shocking-Gelb. Die Diskussionen unter Bikern, ob sie Warnwesten tragen oder nicht, kommen leider vielfach einem Glaubenskrieg gleich. Dabei sind die tatsächlichen Vorteile einer Weste eigentlich unbestritten, es geht vielmehr um Grundsätze und Prinzipien und um die Weigerung, etwas Neues anzunehmen. Der Mensch liebt nun mal seine Gewohnheiten und lehnt Veränderungen ab. Alle Neuerungen hingegen, die unsere Mopeds schneller machen, werden komischerweise gerne und sofort angenommen. Na ja, jedenfalls bei Wetterbedingungen mit schlechter Sicht fühle ich mich wohler, wenn mich die anderen Verkehrsteilnehmer gut sehen können.

Leute, wer schon mal versucht hat, eine Regenjacke aus Plastik im Regen über eine bereits nasse Jacke zu ziehen, die außerdem viel zu dick und aufgeplustert ist, weil sich noch eine Frotteejacke drunter befindet, der nehme die Mühsal mal zwei, um zu erahnen, wie schwierig das Ganze im Sturm tatsächlich ist. Dieses Unterfangen kann einen schon an die Grenze der Körperbeherrschung bringen. Mit Sicherheit gebe ich jetzt kein besonders würdevolles Bild ab, als ich mit rudernden Armen versuche, die im Wind flatternde Regenpelle zu bezwingen. Dank meiner übermenschlichen Gelenkigkeit und der in der Raumfahrt erprobten Reißfestigkeit des Materials dauert es nur wenige, allerdings quälend lange Minuten, bis ich sie endlich trage und gegen weitere Wassereinbrüche gewappnet bin.

Nach dieser Prozedur sitze ich wieder auf und steuere auf zunehmend enger und schlechter werdender Straße den weißen Gipfeln entgegen. Der Regen ist immer mehr von Schnee und Graupelkörnchen durchsetzt. Die Gewässer rechts und links der Straße sind zugefroren. Neben der Fahrspur ist kein Bankett mehr angelegt, die Straße endet unwiderruflich an der durchgezogenen Linie, daneben geht es oftmals sofort steil bergab, ohne dass irgendeine Sicherung bestehen würde. Außer mir und ein paar LKW, die mir hin und wieder entgegenkommen, ist hier niemand unterwegs. Die Lastwagen nehmen fast die ganze Fahrbahnbreite für sich in Anspruch und donnern, ohne auch nur im Geringsten vom Gas zu gehen, an mir vorbei. »Mensch Männer, ich bin doch nicht mit dem Fahrrad unterwegs!« Es wird atemberaubend eng für mich und die Dicke Bertha, aber der Unterhaltungswert lässt sich sogar noch weiter steigern, denn die Laster schieben eine enorme Wand aus Wind vor sich her, die sich mit dem Sturm vereint und dem Motorrad jedes Mal einen Schlag verpasst, der die Maschine deutlich aus der Spur bringen will. Sofort danach herrscht Luftleere und Windstille und man fällt gleichsam in die Richtung, aus der bisher der Wind kam, nämlich nach links, wo jetzt der LKW ist. Hat man die Passage eine Sekunde später glücklich überstanden, setzt sofort der übliche Seitenwind wieder ein und man kann nach der Schlangenlinienfahrt wieder normalen Kurs setzen. Der Griff um den Lenker lockert sich wieder.

Auf dem Visier sammeln sich immer mehr nasse Schneeflocken an. Hoffentlich wird es nicht noch kälter, sonst kann es auf der Straße gefährlich glatt werden, darauf kann ich sehr gerne verzichten. Mich wundert es eh, dass es hier schon so kalt ist, wo ich mich doch noch relativ südlich in Norwegen befinde. Mit so niedrigen Temperaturen hätte ich eigentlich erst in ein paar Tagen, nach Überquerung des Polarkreises, gerechnet. Allerdings befinde ich mich geographisch bereits ungefähr auf Höhe der Shetland-Inseln nördlich von Schottland. So gesehen ist es also gar nicht so überraschend, dass die Temperaturen hier so eisig sind.

Dann erreiche ich die Baustelle, von der offenbar die ganzen LKW gekommen sind. Über eine beachtliche Strecke sind mehrere Bagger und schweres Gerät zugange und erneuern die verwitterte Straße, die an vielen Stellen schon deutliche Auflösungserscheinungen zeigt. Dem ungemütlichen Wetter misst man hier offenbar keine besondere Bedeutung zu. Die Männer arbeiten im frostigen Schneeregen, als sei dies das Normalste auf der Welt. Die Straße ist hier im Baustellenbereich besonders unschön zu befahren, denn die Baggerketten haben die Fahrbahn aufgepflügt und unförmige Sprungschanzen oder tiefe Schlaglöcher hinterlassen. Sieht das da vorne nicht nach frisch aufgeschüttetem, grobem Kies aus? Tatsächlich. Na, das kann mit meinem Dickschiff ja heiter werden. Und schon beginnt die RT zu schlingern, vorne an und in der Verkleidung rumpeln und scheppern aufgewirbelte Steine. Ob das gut geht? Da kommt mir ein Gedankenblitz in Form eines Reiseberichts, in dem der Autor rät, dass solche Abschnitte mit höherer Geschwindigkeit leichter zu nehmen seien. So gebe ich zuversichtlich etwas Gas. Tatsächlich wird die Fuhre dadurch deutlich stabiler, höllisch aufpassen muss ich dennoch.

Nach der Baustelle ist die Straße aber klasse. Und es geht wieder bergab. Schöne lange Kurven durch einsame Hügellandschaften. Ich gleite dahin, frei und ungestört. Schade nur, dass es noch immer regnet, da muss man auf neuen Fahrbahnbelägen besonders wachsam sein. Im Trockenen könnte man es hier locker fliegen lassen.

Je weiter der Weg ins Tal hinab führt, desto wärmer wird es wieder. Zum Glück, denn meine Füße sind inzwischen eiskalt geworden. Da hat es auch nichts geholfen, die ganze Zeit über die Zehen zu bewegen. Morgen werde ich mir die dickeren Socken anziehen.

Am Ende der Straße Nr. 52 biege ich nach links auf die E16 in Richtung Lærdal/Bergen ab. Nur für ein paar Kilometer teile ich mir die Europastraße, die immerhin je eine Fahrspur für jede Fahrtrichtung bereitstellt, mit einigen anderen Verkehrsteilnehmern, bevor ich einem Hinweisschild nach Borgund folge und auf die kleine einspurige Rv630 abbiege. In Borgund möchte ich eine der berühmtesten Stabkirchen Norwegens besichtigen. Auf dem Weg dorthin folgt die abgelegene Straße dem Lauf des Flüsschens Lærdalselva, das für seinen Lachsreichtum bekannt ist und in den Lærdalsfjord mündet. Vorbei an verträumten kleinen Gehöften mit wild bewachsenen Dächern, schlängelt sich der Weg kurvenreich zwischen den schneebedeckten Bergrücken hindurch. Vereinzelt wachsen Tannen oder Kiefern in Ufernähe, dann weitet sich das Tal etwas und kleine Wälder wechseln sich mit ausgedehnten Wiesen ab. Kleinere Ansiedlungen von jeweils einer Handvoll Häuser fristen ihr Dasein fernab vom Rummel der großen Städte.

Nach einer Rechtskurve um einen vorstehenden Felsen, weit außerhalb des Ortes, habe ich plötzlich die uralte Kirche erreicht. Damit habe ich nicht gerechnet, ich hätte sie eher in der Ortschaft vermutet.

Auf der linken Straßenseite liegt ein großes, flaches und scheinbar fensterloses Gebäude mit holzvertäfelten Außenwänden. Die Aufschrift »Borgund Stavkirkje« und ein Blick in die große Glastür des Einganges offenbaren im Vorbeifahren jedenfalls schon mal einen Souvenirladen und eine Cafeteria. Ein Kaffee wäre jetzt gar nicht schlecht. Aber erst will ich mir die Kirche ansehen, die in ungefähr hundert Metern Entfernung auf der anderen Straßenseite an einem leichten Hang inmitten eines alten Friedhofes steht. Die Mauer, die den Friedhof umgibt, besteht aus lose aufeinandergeschichteten dunklen Steinen.

Abgegrenzte Gräber wie bei uns, wo jeder seine zwei Quadratmeter zu beackern hat, gibt es auch hier nicht. Wie schon in Torpo besteht der ganze Friedhof aus einer gepflegten Wiese, auf der lediglich die Grabsteine die einzelnen Begräbnisstätten markieren. Sie stehen mittlerweile, nach zig oder hunderten Jahren, alle windschief, sind stark verwittert und von Moosen oder Flechten bewachsen. Außerhalb des ummauerten Areals steht der zur Kirche gehörige Glockenturm, der in der gleichen schwarzbraunen Holzbauweise wie die Stabkirche selbst gefertigt ist.

Wiederum nur einen Steinwurf entfernt steht die aktuell benutzte neuere Kirche, die von ihrer Bauart her der Stabkirche sehr ähnlich ist. Aber sie ist bedeutend größer, verfügt über einige schmucklose Fenster, die die alte Kirche gar nicht hat, und ruht auf einem gewaltigen Fundament aus groben Steinen, die das Gefälle des Hangs ausgleichen. Die roten Wände mit den weißen Fensterrahmen sind an diesem regnerischen Tag ein hübscher Farbtupfer in der Landschaft.

Mich interessiert aber viel mehr die alte Stabkirche, die erstmals 1342 erwähnt, wahrscheinlich aber Ende des 12. Jahrhunderts in den 1180er-Jahren erbaut wurde. Eines der ältesten Gebäude Europas. Sie gilt als die am besten erhaltene der noch bestehenden Stabkirchen Norwegens. Größtenteils ist sie in originalem Zustand und vermittelt ein sehr genaues Bild der damaligen Baukunst.

Die Kirche ist dem Apostel Andreas gewidmet. Als sie erbaut wurde, gab es ein Nebeneinander des christlichen Glaubens und der Götterwelt der Nordmänner. So zeigen sich an der Stabkirche von Borgund Spuren des langwierigen Wandels von den heidnischen Vorstellungen hin zum Christentum. Auch hier gibt es Schutzzauber gegen böse Geister, wie etwa die hohe Geisterschwelle an der engen Eingangstür, die den Geistern das Betreten der Kirche erschweren sollte, die vielen Kreuze an der Außenseite und vor allem die Drachenköpfe auf den höchsten Giebeln nach Osten und Westen. Drachen konnte man nämlich nur durch ihr eigenes Antlitz verjagen. Das ist übrigens auch der Grund, warum Wikingerschiffe am Bug einen Drachenkopf trugen. Sie verjagten damit nicht nur Drachen, sondern erreichten selbst deren Kraft und Schrecklichkeit.

Die Kirche ist viel kleiner, als ich sie mir vorgestellt hatte. In dem seitlichen Laubengang können heutzutage nur Kinder wirklich aufrecht stehen. Früher hat man dort seine Waffen abgestellt, bevor man den Kircheninnenraum betrat.

Die Bauart der Stabkirche lässt vermuten, dass man sich damals von Erfahrungen aus dem Schiffbau hat leiten lassen, denn entgegen der für Gebäude üblichen waagerechten Ausrichtung der Balken stützen sich Stabkirchen auf die namensgebenden senkrechten »Stäbe«, die das ganze Bauwerk tragen. Hier in Borgund sind es vierzehn tragende Masten.

Der dunkle Innenraum ist noch fast unverändert in seinem mittelalterlichen Zustand. Ein Holzboden und Bänke entlang der Wände, ein Altar aus Stein und ein Taufbecken stammen noch aus jener Zeit. Außer dem Altarbild, das die Kreuzigung darstellt, verfügt der Raum über keinerlei Ausschmückungen.

Bis 1868 die neue Kirche gebaut wurde, wurde die alte Stabkirche noch benutzt. Danach kümmerte sich der »Fortidsminnevorenigen«, eine Art Denkmalschutzverein, um den Erhalt und um die Vermarktung des Baudenkmals. Heute ist es ein beliebtes Ausflugsziel in Norwegen. Ich sehe einen Bus vorfahren, aus dem gut gelaunte, schreiende Kinder springen und sofort auf die altehrwürdige Stabkirche zustürmen. Sie dürften ungefähr im Grundschulalter sein, schätze ich. Und obwohl ich kein Wort verstehe, glaube ich genau zu wissen, was die gestressten, panisch dreinblickenden jungen Lehrerinnen ihnen zurufen, als sie sich erfolglos bemühen, den Flohzirkus irgendwie geordnet und diszipliniert bis zu dem kleinwüchsigen Mönch am Eingang zu bringen, der ganz offensichtlich auf die Kinder wartet, um ihnen die Kirche zu zeigen. »Stellt euch hier auf! Rennt nicht rum! Vorsicht, nicht auf die Straße! Frida, fass das nicht an! Bjørn, du sollst doch dein Smørrebrød im Bus lassen!« Köstlich, wie die Lehrerinnen versuchen, überall gleichzeitig zu sein und die Kleinen viel zu aufgeregt sind, um ihnen ernsthafte Beachtung zu schenken.

Es regnet zwar nicht mehr, aber es ist dennoch schwierig, bei der trüben Beleuchtung schöne Bilder zu machen, deshalb bleibt es leider bei ein paar schnell geschossenen Beweisfotos. Dann gehe ich rüber zum Besucher- und Informationszentrum, um mir den ersten Kaffee für heute zu gönnen.

Im Souvenirshop gleich am Eingang werden wirklich tolle Sachen angeboten. Echte Norwegerpullis, die super aussehen und bestimmt wohlig warm sind, dicke Handschuhe, warme Mützen, praktische Messer für jeden Zweck und natürlich die obligaten Andenken und Ansichtskarten. Aber leider ist das alles auch ziemlich teuer, deshalb bleibt es nur beim Anschauen und ich durchquere den Shop, um in die Cafeteria zu kommen. Dort ist alles ganz offen angeordnet und man wird nicht durch die Anordnung der Theken und Geräte an den Essensausgaben entlanggeleitet und kommt am Schluss an der Kasse vorbei, sondern man kann sich frei bewegen und sich nehmen, was man will. Und irgendwie geht man erst dann zur Kasse, wenn man will, so ist mein Eindruck, als ich die anderen Gäste mehr oder weniger unauffällig beobachte. Ich nehme mir ein Kaffeeteilchen, ohne genau zu wissen, was es eigentlich ist. Auf jeden Fall scheinen die Norweger Buntes zu mögen, denn das ganze Gebäck ist farbenfroh inszeniert. Grellfarbene Zuckergüsse, bunte Verzierungen, Süßes ohne Ende. Und alles sieht sehr lecker aus. Noch ein Kännchen Kaffee, auf das ich mich jetzt ganz besonders freue. An der Kasse zahle ich 80 Kronen, ungefähr zehn Euro, setze mich an die große Fensterfront an der Rückseite des Gebäudes und genieße dort den Blick auf den ungezähmten Lauf der Lærdalselva, die ganz nah vorbeifließt. Der heiße Kaffee tut gut, ich realisiere erst hier, dass ich ganz schön durchgefroren und reif für eine Pause bin. So sitze ich dort bestimmt eine Stunde und beobachte gedankenverloren die Menschen, die alle fröhlich wirken, nett und freundlich zueinander sind.

Es fällt mir nicht ganz leicht, mich aufzuraffen und wieder raus in die Kälte zu gehen. Aber ich muss ja weiter, die Reise hat doch gerade erst richtig begonnen und viele tolle Erlebnisse warten auf mich. Nun kommen zwei Fährpassagen und eine Stabkirche, bis ich den für heute geplanten Campingplatz erreicht haben werde. Das sind zwar nicht mehr sehr viele Kilometer, es dauert aber eine gewisse Zeit, vor allem, weil ich nicht weiß, wie lange die Wartezeiten auf die Fähren sein werden.

Es folgt ein wunderschön zu fahrender Abschnitt der E16. Viele herrliche Kurven durch schöne Täler und Landschaften, vorbei an einzeln stehenden Häusern, die wie die meisten ganz aus Holz gefertigt sind und zum Schutz vor Wasserschäden und vielleicht der Kälte auf mehreren Stützen aus Stein stehen. Etliche Tunnel von einem bis zu neun Kilometern Länge sind zu durchqueren. Anfangs zwar ungewohnt, aber man fühlt sich schnell wohl darin, auch, weil sie Schutz vor dem Regen bieten und die Luft darin ein paar Grad wärmer ist. Immer wieder folgen kurze heftige Regenschauer und ich lasse die wasserfeste Jacke nun einfach an, man braucht sie ohnehin andauernd.

Es kann durchaus vorkommen, dass am Tunnelausgang ein

ganz anderes Wetter vorherrscht als am Eingang. So fährt man etwa vom Sonnenschein auf der einen Seite eines Berges durch den Tunnel in den Regen auf der anderen Seite. Dorthin, wo sich die Wolken abregnen, um über den Berg hinüberzukommen oder umgekehrt. Trotzdem macht die Fahrt großen Spaß und es tut mir ein bisschen leid, vor dem längsten Tunnel der Welt, dem Lærdalstunnel, nach rechts abbiegen zu müssen, um über die Rv5 zur Fähre über den Årdalsfjord, einen Ausläufer des bekannten Sognefjords, zu gelangen. Mit 24,51 km Länge ist der Lærdalstunnel schon ein Kaliber, welches bei Menschen mit Neigung zur Platzangst echte Beklemmungen hervorrufen kann. Dem sollen die innovative Beleuchtung, nämlich beruhigendes, blaues, indirektes Licht und drei großzügige Haltebereiche entgegenwirken. Um die Konzentration aufrechtzuerhalten, wurden im Tunnel Kurven in die Streckenführung integriert, das soll die Aufmerksamkeit der Fahrer wachhalten und zur Verkehrssicherheit beitragen. Die Durchfahrt ist kostenlos, was in Norwegen nicht selbstverständlich ist.

Bei Fodnes erreiche ich die erste Anlegestelle. Dort wird gerade die Fähre beladen und ich habe Glück und darf an der Schlange wartender Autos vorbei und als einer der Ersten auf das Schiff fahren. Das gibt mir Gelegenheit, während die Autos und zum Schluss ein paar LKW an Bord kommen, schon ein wenig umherzulaufen und mir alles anzusehen. Hier gibt es einen Schnellimbiss, der allerlei Fast-Food-Leckereien anbietet. »Ostepolse med Bacon«, einer Art Hot Dog, einem Brötchen mit einer speckumwickelten Bockwurst darin, kann ich nicht widerstehen.

Dunkle Rauchfahnen in den trüben Himmel pustend nimmt die Fähre an einem kleinen Leuchtturm vorbei Fahrt auf und Kurs auf Mannheller, das auf der anderen Fjordseite liegt. Aus den Ufern des dunklen Wassers ragen die steilen Hänge der schneebedeckten Berge empor. Ebenso steil fällt der Grund des Fjordes ab. Der Sognefjord, der König aller Fjorde, in dessen Seitenarm wir uns befinden, erreicht so die gewaltige Tiefe von 1.308 Metern. Die Überquerung des Årdalsfjords, eines Seitenarms des Sognefjords, dauert nicht sehr lange. Schon nach wenigen Minuten legt die Fähre drüben an und ich setze die Fahrt auf der Rv5 Richtung Sogndal fort.

Dort überquere ich eine dieser typischen geschwungenen Brücken, die in der Mitte viel höher sind als an den Ufern und wechsele kurz vor Ortseinfahrt Sogndal auf die kleinere Rv55 in Richtung Lom. Mit jedem Kilometer wird die Straße nun kleiner und ihr Zustand schlechter. Aber sie wartet mit wundervollen Kurven auf, das Asphaltband windet sich schlangengleich durchs Gebirge bergauf und bergab, es ist eine wahre Freude, mit dem Motorrad hier entlangzudüsen. Immer wieder liegt Schnee zu beiden Seiten des Weges. Die gelegentlichen Regenfälle halten sich in Grenzen und stören nur wenig. Der Straßenbelag ist griffig und trotz der Nässe lässt es sich sehr entspannt und genüsslich fahren.

An einem ziemlich steilen Streckenabschnitt überhole ich im Regen zwei Radfahrer auf einem Tandem, die wahrscheinlich im kleinsten Gang fahren, wie wahnsinnig strampeln und dennoch nur mit Schneckengeschwindigkeit vorankommen. In ihren kurzen Hosen geben sie ihr Bestes, den Berg hinaufzukommen, ohne absteigen zu müssen. Man sieht beiden an, dass sie am Limit laufen. Sie tun mir ehrlich leid. Ob sie sich das so beschwerlich vorgestellt hatten? In dieser Kälte?

Aber schon bald führt die Straße wieder bergab und ich folge einem Schild, das mich auf den Weg nach Urnes abzweigen lässt, wo die zweite Fährpassage des Tages ansteht und dann eine weitere Stabkirche auf mich wartet. Auch diese Nebenstraße ist wieder eine tolle Strecke, die fahrerisch einiges zu bieten hat und die ich ganz für mich alleine habe. Kurven aller Art und Güte, einen Straßenbelag, den man sich allerdings vor jeder Kurve genau ansehen muss, von flott zu fahren bis ganz langsam und mit Vorsicht zu genießen.

Unten in dem kleinen Ort Solvorn angekommen, der das Zuhause von etwa 200 Einwohnern ist, folge ich der Hauptstraße nur noch ein kurzes Stück, bis sie am Anleger der Fähre nach Urnes endet. Einen anderen Weg aus dem Ort hinaus gibt es nicht. Entweder man nutzt die Straße, die ich hergekommen bin, oder man nimmt die Fähre über den Lustrafjord, der wiederum über den Årdalsfjord mit dem Sognefjord in Verbindung steht, der bis zur Küste reicht und durchgängig schiffbar ist. So gesehen, könnte man von hier aus mit dem Schiff direkt ins Europäische Nordmeer und damit in die ganze Welt fahren. Dieses Tor zur Welt macht heute allerdings einen sehr verschlafenen Eindruck. Ich sehe keinen einzigen Menschen. Totenstille im Dorf. Immerhin steht hier am Hafen sogar ein kleines Hotel, aber auch von dort kommt kein Lebenszeichen. In der Bucht vor dem Ort liegen einige kleinere Boote, die Fischern zu gehören scheinen, und ein etwas größeres, das wohl für Ausflugsfahrten genutzt wird. An Land ist alles tipptopp gepflegt und ich staune nicht schlecht, als ich einen mannshohen, rot blühenden Baum entdecke. Dass hier überhaupt etwas blüht!

Von der Fähre ist weit und breit noch nichts zu sehen, auch keine anderen Wartenden außer mir. Ein Blick auf den ausgehängten Fahrplan verrät mir aber, dass die Fähre in fünfzehn Minuten drüben ablegt und in dreißig wiederum von hier aus startet. Ich hatte mir schon überlegt, nur zum Spass die schöne kurvige Strecke wieder hinauf und zurück hierher zu fahren, wenn es länger dauern sollte, aber die paar Minuten kann ich leicht abwarten.

Ich versuche zu erkennen, wo auf der anderen Seite des Fjordes die Fähranlegestelle sein könnte, aber es ist einfach zu weit weg, ich kann es nicht sehen.

Da wird meine Aufmerksamkeit von Worten in deutscher Sprache angezogen, die beiden Tandemfahrer rollen ein. Ein Paar, das sich lauthals auf Deutsch streitet und sich dabei nicht im Geringsten durch meine Anwesenheit gestört fühlt. Es geht um die Streckenführung und den geplanten Tageskilometerschnitt. Er versucht, seine Routenplanung zu verteidigen, während sie ihn dafür beschimpft. Die beiden haben einen quälenden Streckenabschnitt hinter sich gebracht und sind einfach fertig, da kann man schnell mal aus der Haut fahren, das verstehe ich. Um die beiden auf andere Gedanken zu bringen und um mir die Zeit zu vertreiben, spreche ich sie einfach an: »Hallo, das ist ja schön, hier Landsleute zu treffen. Ich habe euch vorhin am Berg schon gesehen.« Sie schweigen eine Sekunde, sind dann schlagartig wieder gut gelaunt und begrüßen mich freundlich. Na super, das hat ja gut geklappt. Sie wollen wissen, wann die Fähre kommt und wie es drüben weitergeht. Es entwickelt sich ein schönes Gespräch unter Tourenfahrern. Die beiden sind nun schon seit drei Wochen unterwegs und fahren mit ihrem Rad völlig ohne Ziel und exakte Vorplanung entlang der Fjorde von Hotel zu Hotel. Weil sie beide gerade völlig entnervt und ziemlich erschöpft sind, erwägen sie, ihre heutige Etappe bald zu beenden. Das hiesige Hotel scheint ihnen aber nicht zu gefallen, denn sie wollen nicht einmal nachsehen, was es kostet und ob überhaupt ein Zimmer frei wäre. Er schaut mit dem Handy im Internet nach, welche anderen Hotels in der Nähe sind und was sie kosten. Er sagt, zwischen 240 und 320 Euro seien hierzulande normal für nicht sehr exklusive Hotelzimmer pro Nacht. Das ist der Hammer, ich weiß gar nicht, ob ich ihm das glauben kann. Aber ich fürchte, dass er recht hat, Norwegen ist nicht billig.

Von der anderen Fjordseite scheint jetzt die Fähre zu kommen. Man kann sie zwar noch nicht eindeutig identifizieren, aber ein kleines Schiff steuert geradewegs auf uns zu. Nach ein paar Minuten kann man sehen, dass es sich um die »Urnes« handelt, einen ziemlich alten Kahn, der ein Auto und ein paar Fußgänger herüberbringt. Nachdem er angelegt hat, dirigiert der Schiffsführer die Fahrgäste von Bord. Er ist ein rothaariger Zweimetermann, der aussieht, als könne er rohe Kartoffeln mit der bloßen Hand zerquetschen wie einst der legendäre »Seewolf«. Ein wenig erinnert er mich auch an Wickies Vater Halvar. Der hat hundert Pro Wikingerblut in den Adern, denke ich. Mir ist schon bei vielen Leuten hier aufgefallen, dass sie vollkommen dem Klischee entsprechen, wie man meint, dass Wikinger auszusehen haben.

Er weist mich an, ganz nach hinten aufs Schiff zu fahren und dort zu wenden, ebenso die Radfahrer. Oben von der Schiffsbrücke, wo auch der Steuerstand ist, schaut ein kleiner Mischlingshund zwischen den Geländerstangen runter und kläfft, was das Zeug hält. Er versucht, uns von seinem Schiff zu vertreiben. Halvar schnauzt ihn ein paar Mal an, aber das stört ihn nicht und er bellt unentwegt weiter. Pünktlich nach fünfzehn Minuten legen wir ab und der klapprige Seelenverkäufer dümpelt rüber nach Urnes. »Don't pay the ferryman …«

Beim Verlassen des Schiffs im Hafen auf der anderen Fjordseite kommt man an einem großen Schild vorbei, das in Norwegisch und Englisch darauf hinweist, dass es oben auf dem Berg bei der Stabkirche keinen Parkplatz gibt und man deshalb zu Fuß hochgehen soll, was etwa zwanzig bis dreißig Minuten dauere. Für eine Sekunde bricht ein Gewissenskonflikt in mir aus. Dreißig Minuten rauf und wieder runter sind ja schon mal 'ne Stunde Fußmarsch. Im Regen! Motorradtour! Und der Weg ist sehr steil! Und ich glaube, ich bin das einzige motorisierte Fahrzeug weit und breit. Ich lasse die Kupplung kommen und fahre los. Das Sträßchen ist superschmal und steil, macht aber wahnsinnig Spaß. Ganz enge Spitzkehren, für die man bis in den ersten Gang zurückschalten muss. Gut, dass ich nicht zu Fuß unterwegs bin, das wäre bei weitem nicht so schön gewesen. Oben angekommen sehe ich genau einen einzigen Parkplatz, und der ist frei. Passt doch! Es ist auch kein anderer Tourist zu sehen.

Auf den ersten Blick bin ich allerdings fast ein wenig enttäuscht von der Unscheinbarkeit der Kirche. Sie wirkt geradezu mickrig. In Borgund war ich auf Anhieb sehr beeindruckt, aber hier muss man erst genauer hinsehen. Dies ist die älteste Stabkirche der Welt, ihr Ursprung geht auf das Jahr 1100 zurück. Das, und einige kunstvolle Wikinger-Schnitzereien am Portal haben die UNESCO dazu bewogen, sie ins Weltkulturerbe aufzunehmen. Auch diese Stabkirche steht auf einem Friedhof, der von einer brusthohen Steinmauer umgeben ist. Leider kann ich nicht einmal den Friedhof betreten, denn das hölzerne Eingangsportal ist verschlossen. Es ist zwar ein erklärender Zettel in Klarsichthülle an das Tor gepinnt, aber leider nur auf Norwegisch und ich erfahre deshalb nicht, warum der Durchgang gesperrt ist. Schade, dann schaue ich sie mir halt von außen an. Sie ist nur drei- oder vierstufig aufgebaut, die von Borgund war sechsstufig. Auch hier erkennt man sofort die hohe Geisterschwelle in der Eingangstür, die von einem Vordach geschützt wird, das auf acht mit Schnitzereien verzierten Holzsäulen ruht. An den Giebeln der Vorderseite sind lediglich ein Kreuz und ein stilisierter Drachenkopf angebracht. Von der Seite sieht man, dass die Kirche weiter nach hinten reicht, als es zunächst scheint, sie ist also doch nicht ganz so winzig wie ich zuerst dachte. Von hier oben hat man einen atemberaubenden Rundumblick über die gewaltige Fjordlandschaft mit ihren hohen Gipfeln und tiefen Schluchten. Von beinahe allen hohen Felsen rauschen mächtige Wasserfälle in die Tiefe, fast wie in einem Fantasy-Film.

Dann entschließe ich mich, weiterzufahren und rolle gemächlich den engen Weg ins Tal hinab. Auf halber Strecke begegnen mir die Radler, die ihr Gefährt atemlos den Berg hinaufschieben und mich entsetzt fragen, ob dies etwa der falsche Weg sei, weil ich schon wieder herunterkomme. »Nein nein, der Weg ist schon richtig, aber die Kirche ist geschlossen, da kommt ihr nicht rein. Es lohnt sich trotzdem, hochzufahren, die Aussicht ist genial.«

Von Urnes aus an der Ostseite des Lustrafjords geht es über eine kleine kurvenreiche Nebenstraße weiter nach Norden. Dies ist ein schmales Sträßchen mit regelmäßig angelegten Ausweichbuchten, wo sich entgegenkommende Fahrzeuge aneinander vorbeidrücken können. Es führt direkt entlang des Fjordes, folgt dem Auf und Ab des Geländes, schlängelt sich in herrlichen Kurven durch den Wald. Unzählige kleinere und größere Wasserfälle säumen den Weg. Eigentlich strömt und rauscht überall von den Felsen irgendein Rinnsal oder Bachlauf herab. Oftmals fährt man mitten durch ihre Gischt. An einem sehr beeindruckenden, für Norweger wahrscheinlich total alltäglichen Wasserfall halte ich an, um ihn mir genauer anzusehen und ein paar Fotos von der unbändigen Gewalt des herabschießenden Wassers zu machen.

Dann fahre ich weiter und sehe kurz darauf vor mir ein in die Fahrbahn eingelassenes Gitter, das verwendet wird, um Huftiere daran zu hindern, dort hinüberzulaufen. Die Tiere mögen diese

Sperren nicht gerne betreten, weil sie mit ihren Hufen den Halt verlieren und mit den Beinen zwischen die Gitterstäbe rutschen können. Ich kenne diese »Cattle-Grids« noch von der Schottland-Tour zur Genüge und weiß, dass man sie schnell nehmen muss. Je höher die Geschwindigkeit, desto harmloser die Überfahrt. Fährt man zu langsam, eiert man zu sehr drüber. Also drehe ich am Gas und rausche über das Gitter hinweg. Rumms! Junge Junge! Das Ding war aber alles andere als sauber eingepasst!, denke ich, als ich unerwartet rustikal über das Gitter rumpele.

Ein paar Kilometer weiter sehe ich schon das nächste Viehgitter auf mich zukommen. Wieder bremse ich nicht und fahre zügig darauf zu. Als ich sehe und begreife, dass das Gitter ein ganzes Stück tiefer als die Fahrbahn liegt, ist es schon zu spät zum Bremsen. Also, Arschbacken zusammenkneifen und durch! Bei diesem Überflug kracht die RT maximal in die Federung, ich glaube sie hat voll durchgeschlagen. Das Motorrad setzt mit irgendwas an der Unterseite laut scheppernd auf, ich glaube, in den Augenwinkeln Funkenflug gesehen zu haben. Aber die Maschine bleibt super in der Spur. Ich versuche zu erfühlen, ob alles in Ordnung ist, kann zum Glück aber nichts feststellen, das kaputt gegangen sein könnte. Trotzdem halte ich kurz darauf an und checke die Unterseite der Dicken Bertha. Ich glaube, der Hauptständer ist über die Straßenkante gedonnert, denn er weist zwar ein paar neu aussehende Kratzer auf, ist ansonsten aber vollkommen in Ordnung, wie alles andere auch. Schwein gehabt!

Diese Strecke führt auch durch einige sehr interessante Tunnel von bis zu ein oder zwei Kilometern Länge. Die meisten davon sind unbeleuchtet und ihre Portale und Innenwände genau so belassen, wie man sie einst in den Fels gehauen hat. Dunkelgrau und grob zerklüftet, voller Kanten und Ecken, die jeden

Lichtstrahl einfach verschlucken, statt ihn ordnungsgemäß zu reflektieren. Selbst mit Fernlicht hat man das Gefühl, nur mit einer alten Lebertranfunzel zu leuchten. Da fährt man automatisch langsam. Auch deshalb, weil an vielen Stellen Wasser von der Decke tropft und man den Zustand der Straße nicht gut einschätzen kann. In einem der Tunnel ist der Boden nicht geteert, dafür aber von Schlaglöchern übersät. Das ist toll, mir gefällt das richtig gut! Ich habe das Gefühl, weit weg von zu Hause auf Tour zu sein und neue unerwartete Erfahrungen zu machen.

Schon bei der Einfahrt in den ersten dunklen Tunnel gedachte ich der mahnenden Worte des alten Hannoveraners, dass sich Elche bei Regen in den Tunnel unterstellen könnten und bin deshalb langsam hineingefahren. Völlig zu Recht, denn auf den ersten Metern sieht man tatsächlich gar nichts, bis sich die Augen an die Dunkelheit gewöhnt haben und man wieder Herr der Lage ist. In einen Elch im Eingangsbereich würde man unter Umständen ungebremst hineinfahren, ohne ihn überhaupt gesehen zu haben.

Nach ein paar weiteren Kurven entlang des schönen Fjordes sehe ich in einiger Entfernung ein riesiges Passagierschiff, das am Ufer angelegt hat. Hier gibt es doch gar keine Städte! Bin gespannt, wo das Schiff angelegt hat, die Straße führt mich, glaube ich, unmittelbar daran vorbei. Es dauert nicht lange, da sehe ich bei der Ausfahrt aus einem Tunnel das gigantische Schiff genau vor mir am Ufer liegen. Es ist die »Aurora«, ein 270 Meter langer Passagierdampfer der P&O Cruises, der in England zu Hause ist. Aber hier ist keine Ortschaft weit und breit. Lediglich die Anlegestelle, eine geteerte Fläche von der Länge des Schiffes mit einem Häuschen für den Hafenmeister oder das Personal zur Abfertigung. Man sieht niemanden an Land, der Pott liegt einfach da. Aus dem Schornstein steigt eine dünne Rauchsäule auf. Der strahlend weiße Koloss mit dem blauen Schornstein beeindruckt mich. Ich bleibe eine Zeitlang am Ufer stehen und versuche, alle Einzelheiten zu erfassen.

Kurz darauf habe ich mein heutiges Ziel, Vasbakken Camping, am nördlichen Ende des Lustrafjords bei dem kleinen Ort Skjolden, erreicht. Das war eine tolle Fahrt. Sie hatte alles, ich bin echt glücklich, den heutigen Tag genau so erlebt zu haben. Gut, das Wetter hätte besser sein können, aber sind es nicht auch jene widrigen Momente, die erlebt und durchlebt zu haben, einen glücklich machen können?

Vor dem Empfangsgebäude aus schwarzbraunem Holz lasse ich die RT auf den Seitenständer ab und schaue mich um. Es regnet ein wenig und ist recht kalt. Gegenüber des Campingplatzes ragt eine Felswand senkrecht in die Höhe, bestimmt dreißig oder vierzig Meter hoch. Von dort oben rauscht ein sensationeller Wasserfall mit ohrenbetäubendem Lärm in die Tiefe und landet genau inmitten eines großen sumpfigen Geheges, in dem einige zottelige Galloway-Rinder mit ihren langen Hörnern grasen. Das Wasser tost in einem wild schäumenden Bach unter der Straße durch und am Campingplatz vorbei. Die große Wiese ist völlig durchnässt und matschig. Ich sehe kein einziges Zelt. Am Rande der Wiese stehen etwa zehn putzige Ferienhütten in Blockhausbauweise aus teerschwarz gestrichenem Holz mit grasbewachsenen Dächern. Vor jedem Haus gibt es eine kleine überdachte Terrasse. Der Platz liegt phantastisch und macht auf Anhieb einen sehr sympathischen Eindruck.

Im Empfangsgebäude stehe ich nur kurz am Tresen, bis eine nette Dame erscheint und sofort auf Englisch mit mir zu sprechen beginnt. Mit Englisch bin ich bisher optimal durchgekommen, alle Leute, mit denen ich Kontakt hatte, sprechen die

Sprache hervorragend. Ich sage, dass ich eine Nacht hier bleiben möchte und in einem Anflug von Größenwahn frage ich, was denn so eine Hütte kostet. Zu meiner Überraschung schockiert mich der Preis von etwas über 70 Euro überhaupt nicht, so dass ich auf der Stelle zusage und meinen festen Vorsatz, die ganze Strecke nur in meinem Zelt zu schlafen, mit einem Wisch über den Haufen werfe. Ist doch prima, dann kann ich mein Zeug vernünftig trocknen und alle elektrischen Geräte, also Handy und Tablet, ordentlich aufladen. Die habe ich bisher ans Bordnetz der Dicken Bertha gehängt. Außerdem habe ich, wenn ich ehrlich bin, absolut keine Lust darauf, auf der matschigen Wiese zu zelten. Nachdem ich bezahlt habe, versuche ich noch ein bisschen mit der Dame ins Gespräch zu kommen und frage nach dem Schiff im Fjord, aber sie hat offenbar zu viel zu tun und statt zu plaudern lässt sie mich bald stehen und geht weiter ihrer Arbeit nach.

Beim Abladen des Motorrades beginnt es, richtig fies zu regnen und ich bin wirklich froh, die Bude genommen zu haben. Es schüttet wie aus Eimern, aber ich habe Gott sei Dank ein Dach über'm Kopf und mache jetzt etwas ganz und gar Ungewohntes: Ich stelle die Heizung an!

Die Hütte ist der Knaller, es ist alles da, was das Herz begehrt: Eine sehr gemütliche Sitzecke mit Tisch zum Essen oder Schreiben, eine Kaffeemaschine, Kochplatten, Kühlschrank und Spüle. Zuoberst in meinem Packsack sind die beiden Schlafsäcke verstaut. Ich habe nämlich nach meinen Erfahrungen in Schottland zusätzlich einen dünnen Sommerschlafsack eingepackt, denn mein Winterschlafsack hat mich damals nicht ganz überzeugen können. Hier in der Hütte kann ich den Sommerschlafsack gut über die Matratze spannen. Perfekt. Ich habe ja kein Bettzeug dabei. Mein kleines Kopfkissen auf's Bett, dann haue ich mich ein paar sehr erholsame Minuten hin. Aber ich bin noch so aufgewühlt, dass ich bald wieder aufstehe und mir einen Tee koche.

Es wird mollig warm im Haus und ich sitze gemütlich am Tisch, schreibe Reisetagebuch und schlürfe dabei einen heißen Tee. Draußen geht die Welt unter. Da sehe ich, dass das Motorrad sich schon weit zur Seite geneigt hat, weil der Seitenständer in der nassen Wiese einsinkt. Das hatte ich schon befürchtet und so suche ich mir einige Zweige, die ich zur Unterstützung meiner Holzscheibe unter die Fußplatte des Ständers lege. Jetzt steht das Moped sicher und ich gehe ins Bett, obwohl es noch taghell ist. Mein Navi verrät mir, dass an der aktuellen Position Sonnenuntergang um 23:04 Uhr und Sonnenaufgang um 03:51 Uhr zu erwarten sind.

Eine Hütte wollte ich mir schon immer mal nehmen!

Kapitel 5: Schnee ohne Ende

11. Juni
Skjolden - Marstein
(kein Satellitenempfang)
287 km
regnerisch, kalt

Die Nacht in meinem Holzhäuschen war sehr erholsam. Morgens aus einem Bett aufzustehen und sich mit einer richtigen Kaffeemaschine einen Kaffee zu kochen, erscheint mir schon fast dekadent, aber ich genieße es. Beim Frühstück überfliege ich auf der Karte die heutige Strecke. Sie wird mich hinauf auf's Sognefjell, dann nach Lom zu meiner letzten Stabkirche auf dieser Reise und an den weltbekannten Geirangerfjord führen. Danach folgt eine Fährüberfahrt und ich setze die Reise zum Kurvenparadies Trollstigen fort. Bis zum vorgesehenen Campingplatz sind es 255 Kilometer, sagt das Navi. Hmm, etwas wenig, aber dafür habe ich unterwegs alle Zeit der Welt. Vielleicht fahre ich noch ein Stück weiter als geplant, aber das entscheide ich erst vor Ort, es hängt ja auch vom Wetter ab und davon, wie viel Zeit ich mir für die Sehenswürdigkeiten nehmen werde und wie spät es dann sein wird.

Der Blick aus dem Fenster begeistert mich nicht: Durch das Tal ziehen dichte Nebelschwaden, die sich mit Nieselregen abwechseln. Alles ist klatschnass und ungemütlich. Klamottentechnisch ziehe ich heute alle Register und stelle mich komplett auf Regen und Kälte ein. Das heißt, von der Thermounterwäsche bis zur gefütterten Halskrause wird alles aufgeboten, womit ich mich vor der Kälte schützen kann. Beim Bepacken der Maschine bewege ich mich deshalb fast so schwerfällig wie das bekannte Michelin-Männchen und mir treten schnell Schweißperlen auf die Stirn.

Weil meine Strecke nun zunächst auf das Sognefjell führt und der Tank nur noch zu einem Viertel gefüllt ist, habe ich die nächstgelegene Tankstelle als weiteres Zwischenziel der Route ins Navi eingegeben. Ist schon praktisch, einfach auf »Points of Interest«, dann »Tankstellen«, dann »als weiteres Zwischenziel«, fertig. Ein kleiner Umweg zwar, aber wegen Spritmangels liegen zu bleiben, ist so ziemlich das Ungeschickteste, was einem hier in dieser extrem dünn besiedelten Gegend passieren kann.

Das Navi führt mich auf die Strecke zurück, auf der ich gestern hierhergekommen bin. Merkwürdig, in ein paar Kilometern Entfernung soll die Tankstelle schon sein, aber gestern ist mir nichts dergleichen aufgefallen, obwohl ich schon danach Ausschau gehalten hatte. Die Rv55 ist hier größtenteils nicht viel mehr als ein geteerter Feldweg.

Dann meldet Garmin plötzlich, dass wir jetzt da sind und ich bei nächster Gelegenheit wenden soll, um auf die ursprüngliche Strecke zurückzukehren. Ich blicke mich um und entdecke nichts außer ein paar Häusern mit alten Schuppen und Höfen voller ausrangierter Gerätschaften. Ich vagabundiere ziellos in der Siedlung auf und ab, finde aber einfach keinen Laden oder Tankstelle. Dann fahre ich noch mal ganz genau bis dahin, wo mein Navi die Zwischenzielflagge anzeigt. Tatsächlich: An einem völlig vergammelten Schuppen hängt das kaum noch zu erkennende Schild einer Ölgesellschaft, ausgeblichen und überwachsen von Farn und Efeu, umweht vom Hauch einer wohl nicht so besonders guten Vergangenheit. Inmitten des Schrotts und Unrats vor dem Bretterverschlag finde ich die rostigen Überreste einer uralten Zapfsäule. Ich wette, dass es diese Tankstelle bereits lange vor der Erfindung des Navis nicht mehr gegeben hat. Um so erstaunlicher, dass sie in den elektronischen Karten trotzdem verzeichnet ist.

Ich lasse mir andere Tankstellen anzeigen, aber die nächste liegt angeblich noch weiter zurück, was ich nicht glaube, weil sie mir sonst gestern aufgefallen wäre. Eine andere befindet sich in Lom, einem Zwischenziel der heutigen Etappe, das ich allerdings erst nach der Überquerung des Fjells erreichen werde. Na schön, dann halt nach Lom! Ich wende und folge wieder meiner alten Route. Glücklicherweise komme ich bereits wenige Kilometer, nachdem ich an meinem Campingplatz vorbeigefahren bin, durch eine unscheinbare Siedlung, in der es eine Zapfsäule gibt, die zu einem kleinen Krämer-Laden gehört und die dem Navi verborgen geblieben ist.

Obwohl ich die ungefähr achtzig Kilometer nach Lom ziemlich sicher mit dem Rest der Tankfüllung geschafft hätte, fühle ich mich doch wohler, wenn mein Spritvorrat aufgefüllt ist. In dem Laden versorge ich mich mit Getränken und einem Snack für zwischendurch.

Wenig später weist ein Schild am Straßenrand darauf hin, dass das Fjell geöffnet ist. Von November bis Mai ist der Sognefjellsveien, die höchstgelegene Passstraße Nordeuropas, wegen Stürmen und unglaublichen Schneemengen auf ganzer Länge gesperrt. Die Anzeigetafel für die Windgeschwindigkeit zeigt mir harmlose 5 m/s an, das dürften so 20 km/h sein (der exakte Umrechnungsfaktor lautet 3,6), nicht mehr als ein laues Lüftchen nach den Erfahrungen auf dem Hemsedalfjell. Gleich dahinter folgt ein »Kjettingsplass«, ein geteerter Platz neben der Straße. Bebilderte Schilder machen deutlich, dass von nun an für LKW und Wohnwagen-Gespanne Schneeketten empfohlen werden, die man an dieser Stelle aufziehen kann.

Dann geht es hinauf aufs Fjell. In einer endlosen Folge von Spitzkehren und Haarnadelkurven erklimmt die Straße die 1.434 Meter hohe Hochebene. Den höchsten Punkt hat man nach »Fante«, der norwegischen Bezeichnung für Landstreicher, »Fantestein« benannt, weil in früheren Zeiten diese Gegend unsicher war und Reisende oft von Wegelagerern ausgeraubt wurden.

Mit jedem Höhenmeter wird es kälter und nebliger. Die Straße ist nass, daneben geht es oft ungesichert steil bergab. Ich bin mitten in den Wolken, oder ist das einfach nur dichter Nebel? Egal, die Sicht ist jedenfalls äußerst schlecht. Was das Fahren angeht, ist das hier nicht ohne. Man muss höllisch aufpassen, dass man die Straße nicht aus den Augen verliert und bei dem nassen und buckligen Straßenbelag mit seinen vielen Schlaglöchern und Bitumenausbesserungen ist wirkungsvolles Bremsen echte Gefühlssache. Hauptsache, es kommt kein Gegenverkehr in den engen Kehren, das könnte brenzlig werden. Aber ich bin ohnehin weit und breit der Einzige hier oben, glaube ich. Als die Sicht ein wenig besser wird und sich die ersten Schneeverwehungen ein bis zwei Meter hoch neben der Straße auftürmen, mache ich an einer lastwagengroßen, ebenen Fläche einen kurzen Fotostopp. Mein Atem wird in Form von kleinen Nebelschwaden sichtbar und als ich die Handschuhe ausziehe, bemerke ich erst richtig, wie eisekalt es hier oben ist.

Um die Spitzkehre, die ich gerade hinter mir gelassen habe, kommt ein paar Minuten später ein Wohnmobil mit deutschem Kennzeichen angeschnauft. Im Führerhaus sitzt ein Ehepaar ungefähr meines Alters und als sie mich sehen, halten sie an und steigen aus. Zu meiner Überraschung sind es aber keine Landsleute, sondern die beiden kommen aus Holland und sprechen deutsch mit diesem wunderschönen niederländischen Akzent, den ich so gerne höre. Sie fahren regelmäßig nach Norwegen, aber nie weiter nach Norden als wir uns jetzt befinden. Ich wundere mich über ihr deutsches Kennzeichen, aber die Erklärung dafür ist verblüffend einfach: Die Mietpreise für Wohnmobile sind in Deutschland wesentlich günstiger als in Holland, deshalb mieten sie sich immer eines jenseits der Grenze. Sie beschließen, da sie schon mal stehen, eine Kaffeepause einzulegen. Als ich mich langsam an die Weiterfahrt mache, sagen sie, es dauere nicht lange, dann würden sie hinter mir herfahren und könnten zu Hilfe kommen, falls etwas passiert. Na, sehr beruhigend, danke sehr.

Die Schneemassen nehmen immer weiter zu. Jetzt sind die Verwehungen, zwischen denen sich die Straße hindurchwindet, gut und gerne vier, fünf Meter hoch. Lange Bohnenstangen stecken am Straßenrand, um die Fahrbahn zu markieren. Der Wind und die ungeheuren Schneemengen haben sie aber fast alle schräg zur Seite gedrückt oder sogar zerbrochen. Viele enden bereits weit unterhalb der Schneedecke und haben keinen Nutzen mehr. Aber die Straße selbst ist vollkommen schneefrei und verläuft in der Schlucht zwischen den senkrechten Schneewänden. Kaum zu glauben, dass die Strecke in den Jahren 1936 bis 1938 von arbeitslosen Jugendlichen zwangsweise instandgesetzt und umgebaut wurde. Die Ärmsten tun mir leid.

Eine Menge Schmelzwasser läuft über die Fahrbahn, denn nun liegt die Landschaft über den Wolken in strahlendem Sonnenschein, der den Schnee teilweise schmelzen lässt. Es ist auch nicht mehr so kalt. Noch einmal halte ich an und fotografiere das Motorrad vor einer dieser beeindruckenden Schneewände. Schon zu Hause habe ich mir das vorgenommen und gehofft, dass ich auch wirklich Gelegenheit dazu bekommen würde. Die Wahrscheinlichkeit, hier am Rande der beiden großen Nationalparks

Jotunheimen und Jostedalsbreen auf Schnee zu stoßen, ist allerdings schon sehr groß.

Als es langsam wieder vom Fjell hinab ins Tal geht, werden die Kurven mehr und enger. In weiten Tälern zwischen den höher liegenden Gebirgen liegt das Asphaltband da wie ein gigantisches graues Kabel, das ein Riese achtlos in die Landschaft geworfen hat. Schier endlos scheint es sich zu ziehen, bis es schließlich irgendwo in der Ferne ganz aus dem Blick entschwindet. Es gibt nichts zu sehen außer einsamer Landschaft. Ein Wahnsinn!

Nachdem ich die Wolkendecke wieder nach unten durchstoßen habe, setzt dieser hartnäckige Regen von Neuem ein. Der Weg ist ziemlich steil geworden und ausgeprägte Spurrillen, schräg zur Seite abfallende Straßenbeläge mit kleinen Wasserläufen quer zur Fahrbahn lassen mich die folgenden Serpentinen talwärts mit großer Vorsicht angehen.

Unten folgt wieder eine entspannende Strecke auf gut ausgebauter Straße, auf der man gemütlich mit der erlaubten Geschwindigkeit dahingleiten und seinen Gedanken nachhängen kann. Apropos Höchstgeschwindigkeit – ich fahre immer ungefähr zehn Prozent darüber, in der Hoffnung, dass sich Tachoabweichung und Toleranz der Messgeräte gerade genug entgegenkommen, damit es kein Knöllchen gibt. Obwohl, bei den norwegischen Preisen für Verkehrsvergehen handelt es sich wohl doch eher um ausgewachsene Knollen. Laut meiner Recherche auf der ADAC-Site beginnen die Bußgelder bei 465 Euro für leichte Verstöße und selbst Gefängnisstrafen können je nach Vergehen verhängt werden.

Regelmäßig aufgestellte Warnschilder erinnern einen in ganz Skandinavien und so auch auf dieser Strecke stets daran, auf die Gefahr durch plötzlich querende Elche gefasst zu sein. Ein Zusammenstoß mit einem dieser großen, schweren Burschen wäre fatal, gerade für Motorradfahrer. Und für den Elch natürlich.

Als ich erneut an einem Kettenanlegeplatz vorbeikomme, ist klar, dass ich ab hier den Aufstieg zu einem weiteren Fjell angehe. Ich bin mir nicht sicher, ob es noch zum Sognefjell gehört, oder, was wahrscheinlicher ist, zum Jotunheimen Nationalpark. Nicht mehr durch enges kurviges Geläuf, sondern über lange Geraden und weite, lang gezogene Kurven mit erstklassigem Belag geht es stetig bergauf und die Gegend rechts und links des Weges ist wieder größtenteils von Schnee bedeckt. Aber zum Glück nicht so hoch, dass er die Sicht auf die tolle Umgebung versperren würde. Weil die Straße nicht so viel Aufmerksamkeit erfordert, wie die auf dem Sognefjell, kann ich die Landschaft viel mehr beachten und genießen. Sensationell, wie schön es hier ist. Mehr als einmal entfährt mir ein lautes »Wow!«, »Booaah!«, oder »Meine Güte ist das geil hier!«. Es ist einfach unbeschreiblich schön. Der Blick reicht weithin über hügelige Landschaften bis auf die Gipfel des Glittertind mit 2.452 Metern und des Galdhøpiggen, des mit 2.469 Metern höchsten Bergs in ganz Skandinavien.

Teils ist das Gelände schneebedeckt, teils ragen kantige Felsen aus dem mit gelbgrünen Moosen bewachsenen Boden, man sieht rauschende Bachläufe und reitet bergauf und bergab durch scheinbar ungezähmte Natur. Das alles ist kaum zu fassen.

Doch es ist kalt hier oben, ich stelle die Griffheizung auf volle Pulle, obwohl das Thermometer immer noch acht oder neun Grad anzeigt. Das fühlt deutlich kälter an. Ob ich dem Teil noch glauben kann? Im Packsack des Zeltes ist noch ein Thermometer, das werde ich morgen zum Vergleich ins Kartenfach des Tankrucksackes stecken.

Der Wind ist nicht von schlechten Eltern. Von Westen her

pfeift er mit ordentlich Karacho über die Hochebene. Interessanterweise habe ich echt Mühe, mich nicht mitsamt meinem Motorrad umpusten zu lassen, wenn ich im Stand drauf sitzen bleibe. Während der Fahrt hingegen ist der Wind kein wirklich großes Problem, da zieht die RT beinahe unbeeindruckt ihre Bahn. Eine ganz neue Erfahrung ist auch, dass der starke kalte Wind während eines Halts in kürzester Zeit die Motortemperatur ungewöhnlich stark herunterkühlt. Einmal, als ich ein paar Fotos mache und mir die Regenjacke überziehe, sogar so weit, dass die Anzeige anschließend überhaupt keine Temperatur mehr meldet.

Die Abfahrt aus dieser Höhe hinunter in Richtung Lom gehört eindeutig zum Schönsten und Spektakulärsten, das ich als Motorradfahrer je gesehen habe und ich bin ehrlich dankbar dafür, dass ich das erleben darf. Wieder bieten sich mir wundervolle Aussichten und fahrerisch alles, was das Herz begehrt. Mir schlägt das Herz höher vor Glück, als ich durch die einzigartige Gegend kurve.

In Lom jedoch ist ab dem Kreisverkehr in der Ortsmitte, wo ich auf die E15 wechsele, Schluss mit Einsamkeit und Unabhängigkeit, dieser Ort ist offenbar ein Touristenmagnet und überfüllt von Bussen und Autos aus aller Herren Länder. Sofort nach dem zentralen Kreisel erblickt man schon die bekannte Stabkirche, die Hauptattraktion des kleinen Städtchens. Auf dem großen Parkplatz davor stehen bereits mehrere Busse und wohin man auch schaut, sieht man Japaner in den buntesten Klamotten, die mit ausgestreckten Armen ihre Handys vor sich halten und entweder Selfies schießen oder umherlaufen und Videos von diesem Schauplatz machen. Alle lächeln und zeigen ihre makellosen Zähne. Japanisches Stimmengewirr hört sich lustig an, finde ich, aber ich weiß sofort, dass ich nicht so lange in Lom bleiben werde, wie ich mir vorgenommen hatte. Das ist mir einfach zu viel Trubel.

Rund um den großen Parkplatz sind alle Sehenswürdigkeiten des Ortes angeordnet. Die Kirche, das Stabkircheninfocenter, ein Handwerksmuseum und das Fjellmuseum, das Einblicke in die Lebens- und Überlebensweise der einheimischen Menschen gewährt. Und das alles ist gerammelt voll mit Touristen.

Die Museen hake ich ab, auch sie sind hoffnungslos überfüllt, aber die Kirche will ich mir nicht entgehen lassen. Und so kaufe ich eine Eintrittskarte für etwa fünf Euro und betrete den Friedhof, der auch hier wieder ringsum durch eine mannshohe Steinmauer eingefasst ist und in dessen Mitte die Kirche steht. Sie ist im Vergleich zu den anderen, die ich bisher gesehen habe, die größte und wirkt sofort viel kirchenähnlicher, denn sie hat einen Glockenturm, den man auf Anhieb als solchen erkennt und verfügt über ungewohnt viele Fenster. Ihr Innenraum ist im Vergleich zu den anderen Stabkirchen geradezu verschwenderisch geschmückt. Dekorationen an den Decken, tolle und auch viele Schnitzereien und vor allem die Verwendung von Farben geben der Kirche ein ganz anderes Flair als den anderen Gotteshäusern dieses Typs. Der Altarraum ist farbenfroh und würdevoll ausgestattet und verziert, die Kanzel könnte sich so auch in vielen moderneren Kirchen befinden. Und der Innenraum ist viel heller, als ich es bisher gesehen habe.

Aber leider quillt er fast über vor Touristen. Ich bin zwar auch einer davon, aber in den wenigen Tagen, die ich bis jetzt alleine unterwegs bin, habe ich die Ruhe so zu schätzen gelernt, dass ich mich nun lieber wieder auf die Socken mache und vor diesen Menschenmassen Reißaus nehme. Ohne mich noch lange aufzuhalten, schwinge ich mich auf meine Dicke, gebe ihr die Sporen und reite auf der Rv15 aus der Stadt hinaus …

In Richtung Grotli folge ich dem Lauf des Wildflusses Otta mit seinem leicht türkisfarben schimmernden Wasser. Es ist ein beachtliches Gewässer, das zwar nicht schiffbar ist, aber von Wildwasserkanuten rege genutzt wird. Die Straße durch die waldreiche Gegend ist breit und lässt sich flott durchfahren. Dies ist eine wichtige Verbindungsstraße und deshalb stark frequentiert, aber nicht unangenehm voll. Kurz nach Grotli biege ich auf die viel kleinere Rv63 in Richtung Geiranger ab, die im Winter oft bis in den Juni hinein wegen des Wetters gesperrt ist. Entgegenkommende Fahrzeuge müssen sich langsam aneinander vorbeiquetschen, dafür entschädigt diese Route wiederum mit unglaublichem Fahrspaß und spektakulären Aussichten. Man überquert in 1.038 Metern Höhe den Dalsnibba-Pass. Ich kann den namensgebenden Berg Dalsnibba sehen, der wegen seiner Höhe von 1.476 Metern natürlich noch schneebedeckt ist. Von dort oben soll man einen wunderbaren Ausblick auf den Geirangerfjord in sieben Kilometern Entfernung haben, ich bleibe aber auf der Fylkesvei 63, die sich nun in Serpentinen und phantastischem Kurvengeschlängel dem wohl berühmtesten Fotomotiv Norwegens, dem Geirangerfjord, nähert. Massenweise enge Kurven, steile Abhänge, wundervolle Aussichten, ich muss es einfach eine »geile« Strecke nennen, selten war ein Wort so treffend wie hier. Leider regnet es inzwischen wieder recht ergiebig, doch selbst das scheußliche Wetter kann dem Fahrspaß nur wenig anhaben.

Dann, nach zwei Stunden Motorradfahren vom Feinsten, erreiche ich den Aussichtspunkt »Flydalsjuvet«, vor dem sich der Geirangerfjord in seiner ganzen Pracht ausbreitet. Ein grandioser Blick über den Fjord mit seinen gigantischen Ausmaßen: Von schneebedeckten Gipfeln umgeben, fallen steile Hänge hinab bis in das Wasser des Fjordes. Im Fjord selbst liegt ein Kreuzfahrer, ich kann leider auf die Entfernung nicht erkennen, ob es sich um die gestern schon gesehene »Aurora« handelt, eine gewisse Ähnlichkeit besteht aber schon. Hier machen offenbar sehr viele Schiffe Halt, denn auf nahezu allen Bildern, die ich vom Geirangerfjord gesehen habe, sieht man mindestens eines dieser Riesenschiffe hier vor Anker liegen. Die Schiffe der Hurtigruten, der Postlinie entlang der Küste, fahren Geiranger regelmäßig an.

Jetzt wird es spannend, denn der Aussichtspunkt ist überfüllt von Menschen, entlang der engen, abschüssigen Straße parkt ein Auto am anderen. Keine Chance, die Dicke noch irgendwo dazwischenzuquetschen. Was nun? Ich stelle das Motorrad ganz knapp neben ein Auto. Passt. Die Straße bleibt frei, nur kann der Fahrer des Autos erst losfahren, wenn ich wieder weg bin. Hoffentlich genießt die Besatzung schön lange die Aussicht. Zur Sicherheit werde ich die Angelegenheit im Auge behalten und regelmäßig checken.

Die Sightseeing-Plattform ist im Prinzip ein großer Balkon, der über einer gewaltigen Schlucht hängt, in der ein Wildbach die tosenden Wassermassen des Fjells weiß schäumend über atemberaubende Wasserfälle und ausgewaschene Flussläufe in Stufen und Terrassen hinunter in den Fjord leitet. Die Hänge sind von dichtem Mischwald bewachsen. Schroffe Kanten, graue Felsen und senkrechte Wände begleiten den Lauf des Wassers. Wie riesig der Fjord ist, fällt erst dann wirklich auf, wenn man sich einmal die Häuser des kleinen Ortes Geiranger an seinem Ufer ansieht. Der Ort wirkt, als stünde er auf einer Modelleisenbahn. Da sehe ich auch einen kleinen Campingplatz am Ortsrand, direkt am Fjord. Eine Zeitlang beobachte ich den Shuttle-Verkehr vom Schiff in den Ort und zurück. Pausenlos fahren mehrere Boote, die für mich aussehen, als seien es die motorbetriebenen Rettungsboote des großen Schiffes, hin und her und befördern ihre Reisegäste in den Ort oder von dort zurück zum Schiff. Das Bild eines Heuschreckenschwarmes, der über ein Feld herfällt, kommt mir in den Sinn. Aber diese Heuschrecken bringen dem Örtchen schließlich Arbeit und Wohlstand und schaden ihm nicht. Man erkennt selbst auf diese Entfernung, wie sich Menschenmassen durch die Touristenhochburg Geiranger wälzen.

Zum Glück warten keine wütenden Autofahrer auf mich, als ich zurück zum Motorrad komme und mich daran mache, weiterzufahren. Der tollen Aussicht sei Dank. Die letzten Serpentinen hinunter nach Geiranger sind eng, aber die Straße selbst ist breit genug, um sie noch mit guter Geschwindigkeit fahren zu können. Als ich das Ufer des Fjordes erreiche, staune ich nicht schlecht und erkenne, was es bedeutet, wenn so ein Kreuzfahrtschiff seine unzähligen Passagiere an Land entlässt. Falls dies die »Aurora« ist, sind es um die 1.800 Menschen, denn etwa so viele Passagiere finden auf ihr Platz. In einem Ort mit 300 Einwohnern, die ausschließlich vom Tourismus leben, sieht man dann fast den Boden nicht mehr vor lauter Leuten. Die Bewohner des Ortes müssen allerdings ihr Einkommen fast ausschließlich in den Sommermonaten machen, denn im Winter fahren die Schiffe nicht hierher, weil dann von den Bergen gewaltige Lawinen in den Fjord abgehen, die so hohe Wellen verursachen, dass sie der Schifffahrt Probleme bereiten.

Ob ich nun in den paar Tagen bereits so zum Eremiten geworden bin oder ob es wirklich einfach zu viele Menschen sind? Mich beschleicht ein Unbehagen und es zieht mich von hier weg. Geiranger ist in der Tat zum Brechen voll mit Menschen, die durch die Straßen bummeln und auf der Suche nach Souvenirs sind.

So ergreife ich also auch von hier die Flucht, verlasse Geiranger und erklimme mit der RT die Adlerstraße, den Ørnevegen, wiederum mit elf superengen Serpentinen, die mich oft bis in den ersten Gang hinunterzwingen. Ein sensationeller Blick über den Fjord bietet sich von hier oben, aber leider ist jetzt auf der Rv63, die von Geiranger bis zum Trollstigen den Status einer Nationalen Touristenstraße hat, so viel Verkehr und keine gute Gelegenheit, das Motorrad abzustellen und Fotos zu machen. Also fahre ich auf der »Golden Route« genannten Strecke weiter bergauf.

Dann, nach einigen Kilometern, komme ich nach Eidsdal, wo die Rv63 über den Norddalsfjord führt, den man wieder nur mit einer Fähre überqueren kann. Auch dieses Mal habe ich Glück, das Schiff ist schon da und ich kann sofort darauffahren. Überraschung: Vor mir parkt schon ein Motorrad mit englischem Kennzeichen, passenderweise eine Triumph, mit hoch beladenem Heck und gewagt improvisierten Seitentaschen aus Rucksäcken. Wer begibt sich so abenteuerlich auf Reisen? Aha, da vorn geht der Fahrer auf dem Schiff umher. Ich erkenne ihn wieder: Der Typ hat mich überholt, als ich einen kurzen Stopp eingelegt habe, und mich dabei überschwänglich mit Händen und Füßen gegrüßt.

Die Überfahrt geht ganz flott und auf der anderen Fjordseite kommt der Engländer erst beim Anlegen wieder zu seiner Maschine und gibt schon bei der Abfahrt vom Schiff ordentlich Gas. Ich fahre mit meinem normalen Speed hinter ihm her, aber schon wenige Minuten später ist er nicht mehr zu sehen.

Wieder geht es steil bergauf, dieses Mal sogar bis auf etwa 1.700 Meter in die verschneite Hochgebirgslandschaft. Ein bisschen kalt zwar, aber schön zu fahren. Die Strecke verläuft nur über lang gezogene Kurven oder Geraden, man kann den Blick in die Ferne schweifen und die Seele baumeln lassen. Ich fliege vorbei an herrlichen Schneefeldern, die in der Sonne so hell flimmern, dass mir schon bald die Augen vom Zusammenkneifen weh tun. Am Ende einer Bergaufkurve sehe ich plötzlich den Engländer vor mir am Straßenrand hocken. Er stützt sich mit den Händen auf den Knien ab und verharrt in dieser Haltung, als suche er etwas oder wolle etwas am Boden vor seinen Füßen beobachten. Sein Motorrad steht schräg auf der Straße, die Plane, die er über sein Gepäck gespannt hatte, hängt irgendwie zerfetzt herunter. Hoffentlich ist da nichts passiert. Ich halte an und frage, ob alles okay sei. Er freut sich darüber, dass ich angehalten habe, verneint aber meine Frage mit ablehnenden Handbewegungen. »No, everything is all right, thanks mate.« Na dann ist ja alles bestens.

Mir fällt ein, wie ich in den schottischen Highlands einmal angehalten habe, nur um die Landschaft zu bestaunen und urplötzlich, wie aus dem Nichts, ein englischer Motorradfahrer anhielt, um nachzufragen, ob alles in Ordnung sei. Das hat mir außerordentlich gut gefallen, denn ich finde, ein Reiz am Motorradfahren ist eindeutig der Zusammenhalt, die Verbundenheit unter den Bikern. Man grüßt und hilft sich gegenseitig, weil man auf eine gewisse Art zusammengehört und eine große Familie ist. Also ich grüße jedenfalls alle anderen Biker, obwohl das, seit ich BMW fahre, nicht mehr jeder erwidert. Macht aber nichts!

Da der Engländer offenbar nicht zu Gesprächen aufgelegt ist und meine Hilfe nicht braucht, düse ich weiter in Richtung Trollstigen auf dieser schönen Strecke, die mir ein entspanntes Lächeln ins Gesicht zaubert, nicht zuletzt auch deshalb, weil es inzwischen trocken und windstill geworden ist.

Dann endlich liegt der weltbekannte Trollstigen vor mir, die wahrscheinlich bekannteste Strecke Norwegens seit ihrer Eröffnung durch König Haakon VII. im Jahre 1936. Umringt von den eindrucksvollen Bergen Bispen (Bischof, 1.450 m), Kongen (König, 1.614 m) und Dronninga (Königin, 1.701 m) führt die schmale Straße in elf engen Haarnadelkurven ins Tal hinab. Sie schlängelt sich an steilen Felswänden und Wasserfällen entlang und ist dabei talseits nur durch mehr oder weniger große Gesteinsbrocken, die in einigem Abstand zueinander am Straßenrand stehen, gesichert. Bei Gegenverkehr, wenn man sich aneinander vorbeiquetschen muss, kann das schon zu einem gewissen Nervenkitzel führen. Mit zwölf Prozent Gefälle geht es ständig bergab. Ungefähr auf halber Höhe passiert man über eine kleine Brücke, die Stigfoss-Brua von 1935, in einer Kurve den 320 Meter hohen Wasserfall Stigfossen, der unmittelbar neben der Straße ins Tal donnert und dessen Gischt man durchfährt. Dort habe ich endlich Gelegenheit, in einer Nothaltebucht kurz stehen zu bleiben und mir alles anzuschauen. Der Blick ins Tal verrät, dass ich mich noch oberhalb der Wolken befinde. Es sieht so aus, als ob es unten regnet, aber daran habe ich mich nun schon gewöhnt und es ist mir fast einerlei, ob ich im Nassen oder Trockenen fahre. Eine Menge Autos und Busse sind hier unterwegs, an den engsten Kurven staut sich der Verkehr ein paar Fahrzeuglängen zurück. Von Juni bis September wird der Trollstigen von hunderttausenden Urlaubern besucht, im Winter bleibt die Strecke geschlossen.

Die Abfahrt über die verbleibenden Serpentinen verläuft recht unspektakulär. Immer wieder staut es sich vor einer Kehre und ich muss anhalten. Da ist es ein echter Vorteil, wenn man bergab fährt, denn das Anfahren gestaltet sich wesentlich einfacher. Wunderschöne Ausblicke ins Tal und auf die kleinen weißen Wolkenfelder, die wie Wattebäusche zwischen die Berge und Hügel gestopft aussehen, verkürzen die Wartezeiten, bis sich die vielen Reisebusse und Wohnwagengespanne durch die Kurven gezwängt haben und es wieder ein Stück vorangeht.

Am Fuße des Trollstigen entdecke ich linker Hand einen Troll-Shop mit angeschlossenem Restaurant und Campingplatz. Wobei das Entdecken gar nicht zu vermeiden ist, denn gleich neben der Straße weist ein stattlicher Troll mit drei riesigen Köpfen und beleuchteten Augen unübersehbar und drängend auf die Möglichkeit zur Rast hin. Und weil ich schon wieder ziemlich lange unterwegs bin und eine Art innere Leere in der Magengegend verspüre, biege ich hier ab und folge dem kurzen Stück über den Schotter bis vor die Eingangstür des Ladens. Dort stehen schon drei Motorräder mit norwegischen Kennzeichen und daneben ihre drei jugendlichen Fahrer. Norwegische Motorräder habe ich bisher nur sehr wenige gesehen.

Der Trollstigen Camping & Gjestegård ist ein kombinierter Shop, Campingplatz und, wie mir scheint, vornehmes Restaurant. Das alles befindet sich in einem recht großen Holzhauskomplex, in dem auch die sanitären Anlagen, Waschräume und Aufenthaltsräume mit TV und Lesestube untergebracht sind. Etwas entfernt stehen kleine Holzhäuser zum Mieten, so wie das, das ich letzte Nacht hatte. Alle Dächer sind saftig grün mit Gräsern bewachsen, so stark, dass ich mir überlege, ob und wie man da oben Rasen mähen kann. Vor dem Shop stechen Unmengen bunter Flaggen aus aller Herren Länder und natürlich die allgegenwärtigen Trolle unterschiedlichster Größe ins Auge. Ich glaube, dass dies auch der Eingang zum Lokal ist und betrete den beachtlich großen Shop, den man zuerst durchqueren muss, wenn man im Restaurant etwas essen möchte.

Zuerst schaue ich mich in dem unüberschaubaren Sortiment buntester Reiseandenken um, schließlich kaufe ich ein kleines Souvenir, natürlich einen kleinen Troll, der in meine Jackentasche passt, für meine Frau. Das scheint hier die absolute Troll-Hochburg zu sein, denn die kleinen Gestalten werden vermarktet bis zum Gehtnichtmehr. Es gibt praktisch nichts, das es nicht auch im Troll-Design gibt. Selbst auf dem Weg hierher wiesen schon mehrere Verkehrsschilder neben der Straße darauf hin, dass es hier enorm viele Trolle gibt. Die Schilder sehen aus, wie Achtung-Wildwechsel-Schilder, nur dass in der Mitte kein springender Hirsch, sondern die Silhouette eines Trolls mit seiner langen, warzigen Nase zu sehen ist. Trolle sind nach der skandinavischen Mythologie plumpe, übernatürliche Wesen, unheilbringende Riesen mit langen Nasen, die vor allem nachts ihr Unwesen treiben. Zum Zwecke der besseren Vermarktbarkeit sind sie heutzutage zu drolligen kleinen, urwüchsigen Naturburschen mutiert, die ganz besonders häufig hier am Trollstigen, der Trolltreppe, vorkommen sollen.

Aus dem Trollshop kommt man tatsächlich ins Restaurant. Schon auf den ersten Blick stelle ich fest, dass dies nicht mein Platz ist. Nicht die Umgebung, wo ich mit meinen schmutzigen Stiefeln und nassen Klamotten, die möglicherweise ein weit gereistes Aroma verströmen, hingehöre. Zwei Ober in schwarzweißem Frack scheinen der gleichen Meinung zu sein, denn sie sagen mir eilig, wo der Fast-Food-Bereich ist und ich verlasse widerstandslos den Saal mit den gedeckten Tischen und gepolsterten Stühlen. Im Bereich für das allgemeine Volk genehmige ich mir dann auf einer Holzbank einen Pannekaker, einen Pfannkuchen mit Blaubeeren und Eis. Sehr lecker, und man muss hier nicht darauf aufpassen, bloß keine Etikette zu missachten und sich danebenzubenehmen. Die hochnäsigen Kellner können mir mal gestohlen bleiben.

Auf der Weiterfahrt zum geplanten Campingplatz fällt mir erst auf, wie sehr ich mich heute auf mein Navi verlassen habe, denn ich habe in Wirklichkeit keinen blassen Schimmer, wohin die Fahrt überhaupt gehen soll. Eigentlich müsste ich bald ankommen, denn es sind für den ganzen Tag nicht viel mehr als 250 Kilometer vorgesehen. Merkwürdigerweise scheint das Navi aber auch nicht so ganz genau zu wissen, wie weit es noch ist, denn unten links, wo immer die restliche Entfernung angezeigt wird, ändern sich die Zahlen fortwährend rauf und runter. Dennoch entdecke ich bald darauf tatsächlich ein Hinweisschild zu einem abgelegenem Campingplatz, dessen Name mir bekannt vorkommt. Ein Platz , wie er abgelegener nicht sein könnte. Als ich auf den Vorplatz am Eingang fahre, erscheint die Meldung Kein Satellitenempfang. Dem Navi gefällt es hier nicht und ich mag den Platz, der mir auf eine gewisse Art zu militärisch aussieht, auch nicht, deshalb drehe ich um und beschließe, einfach bis zum nächsten weiterzufahren. Hier im mittleren Norwegen ist die Versorgung mit Campingplätzen noch sehr gut und alle paar Kilometer sieht man ein Schild, das einen zum nächsten Platz lotsen möchte. Am Navi brauche ich gar nichts Neues einzugeben, denn ich habe die Strecke immer für jeweils drei oder vier Tage zu einer einzigen Datei zusammengefasst, weil das Gerät nur maximal zehn Routen verwalten kann, und das sind ein paar zu wenig für eine dreiwöchige Tour. Weil die aktuell aufgerufene Route noch nicht zu Ende ist und dieser Campingplatz nur ein Zwischenziel war, folge ich einfach der weiteren Strecke bis zur nächsten Campingmöglichkeit.

In der Gegend von Åndalsnes endet die wunderschöne Rv63 und zweigt auf die E136 ab, die ich nun in Richtung Dombås fahre. Schon bald steht am Straßenrand ein selbst gezimmertes Holzschild, auf das ein blaues stilisiertes Zelt und ein weißes C gemalt wurde. Wenn ich hier bleiben sollte, dann wären heute 287 Kilometer zusammengekommen, reicht auch.

Der matschige Feldweg endet genau vor der Haustür eines Bauerngehöftes. Daneben liegt eine große Wiese, auf der sich bereits zwei deutsche Wohnwagengespanne niedergelassen haben und an deren Rand vier schlichte Holzhütten mit verschlossenen Fensterläden stehen. Nein, die Buden haben ja gar keine Fenster! Und sie sehen aus wie selbst gebaut. Sie bestehen aus ungehobelten senkrechten Brettern mit aufgelegten Wellblechdächern. Nicht schlecht, aber auch nicht gerade professionell. Bei einer der Hütten wird das Dach scheinbar nur von einem übergeworfenen und verspannten Stahlseil in Position gehalten.

Während ich die RT auf den Seitenständer ablasse, kommt ein knurriger älterer Herr in Gummistiefeln angeschlurft und schaut mich fragend an. Auf Englisch sage ich, dass ich gerne eine Nacht hier bleiben würde und er antwortet auf Deutsch »Komm mit!«. Dann geht er schleppend zum Haus und müht sich die paar Stufen zum Hauseingang hoch. Dort hat er schon alles, was er für die neuen Anmeldungen braucht, bereitgelegt und fragt mich gleich routiniert nach meiner Camping Card Skandinavien.

Nachdem er meine Daten in sein Buch übertragen hat, nimmt er von einem Stapel neben der Tür ein etwa DIN A5 großes Brettchen, legt einen Schlüssel mit der Nr. 2 darauf, sagt: »400 Kronen, den Schlüssel kannst du morgen stecken lassen, das Holz kannst du behalten«, und überreicht mir alles.

Nun stehe ich da mit dem Hüttenschlüssel in der Hand und irgendwie bleibt mir gerade die Spucke weg. Ursprünglich wollte ich ja einen Zeltplatz, andererseits hat die Übernachtung in einer Hütte auch ihren Reiz, zumal es inzwischen schon wieder leicht regnet. Aber fünfzig Euro für eine Bude wie diese? Der Kerl hatte eine Bestimmtheit an sich, als gäbe es gar keine andere

Möglichkeit. Etwas konsterniert bezahle ich und frage, wofür das Brettchen sei, obwohl ich es mir schon denken kann. Er zeigt auf's Motorrad. Der Typ ist ein Profi und hatte wohl schon viele Motorradfahrer zu Gast. Auf der feuchten Wiese braucht man natürlich etwas, um es unter den Ständer zu legen, damit er nicht einsinkt und er hat gleich einen ganzen Stapel Bretter dafür vorbereitet. Klar, sonst laufen die Biker auf seinem Hof herum und stibitzen alles Mögliche, um es unterzulegen. Das Brettchen nehme ich morgen auf alle Fälle mit, es hat für seinen Zweck die perfekten Maße, besser noch als das Reststück aus Göteborg.

Okay, dann habe ich heute eben wieder eine Hütte. Darüber ärgere ich mich nicht wirklich, denn zum Zeltaufbau fehlt mir ehrlich gesagt auch heute die Lust.

Dank der Holzunterlage kann ich Bertha gleich neben mein Haus, nämlich das mit dem festgeschnallten Dach, stellen und beginne damit, meine Sachen abzuladen und hineinzubringen. Wie die Hütte selbst, so ist auch ihre gesamte Einrichtung Marke Eigenbau. Zwei Stockbetten aus Vierkanthölzern und Brettern, von gleicher Bauart ein Tisch und an einer Wand eine mit Kanthölzern abgestützte Spanplatte mit einer elektrischen Kochplatte darauf. Darüber ein Fenster, das ich vorhin nicht gesehen habe, weil es auf der gegenüberliegenden Schmalseite angebracht ist. Vier ordentliche Stühle, ein Spiegel, fertig ist die Laube. Na schön, reicht ja auch. Es müffelt ein bisschen gammelig hier drin, ich reiße erst mal das Fenster sperrangelweit auf.

Etwas später stelle ich fest, dass auch im ungeheizten Waschraum des nahe gelegenen Hauses mit den Versorgungseinrichtungen Minimalismus die vorherrschende Stilrichtung ist. Auf Duschkabine und Duschtasse wurde ebenso verzichtet, wie auf einzelne Waschbecken. Ein langer Waschtrog, wie ich ihn noch von früher aus manchen Bundeswehrkasernen kenne, und ein

Duschvorhang, unter dem das Duschwasser durch den halben Raum bis in den zentralen Abfluss läuft, sind doch Luxus genug. Trotz allem fühle ich mich nicht unwohl mit der Entscheidung, hier zu übernachten.

Der Hof liegt in einem engen Tal zwischen steilen Felswänden, die offenbar jedes Satellitensignal abschirmen. Auf halber Höhe hängt die Wolkendecke wie gefangen zwischen den Bergen fest. Und wie gestern rauscht ganz in der Nähe ein Wasserfall mit Getöse aus der Wand herab.

Sogar ein paar Kühe stehen auf der Weide neben der Campingwiese, dies ist der erste echte Bauernhof, den ich bis jetzt in Norwegen gesehen habe. Der Bauer scheint mir auch viel mit Holzwirtschaft zu tun zu haben, wenn ich mir die Maschinen so anschaue, die auf dem Hof herumstehen. Schweres Gerät, um im Wald Holz zu machen.

Zum Tagesausklang mache ich mir auf der Kochplatte eine Dose Gulasch warm und koche einen Topf Tee. Auf dem Bett liegend lasse ich dann den Tag Revue passieren und stelle zufrieden fest, dass ich ein Glückspilz bin. Die Strecke, die ich heute gefahren bin, ist die bei weitem schönste, beeindruckendste und sensationellste, die ich je unter die Räder genommen habe, eine Aneinanderreihung von fahrerischen und landschaftlichen Highlights. Ganz besonders anspruchsvoll war die Strecke bis zum Geirangerfjord, während ich den Trollstigen im Vergleich dazu fahrtechnisch schon fast als ganz normale Straße bezeichnen würde, obwohl man als Norwegenfahrer selbstverständlich das Kurvensortiment des Trollstigen bezwungen haben muss, das gehört einfach zum Pflichtprogramm. Aber auch er hatte seinen ganz besonderen Reiz, nämlich die phantastische Landschaft und die vielen Wasserfälle, die teilweise auf die Straße klatschen und die Fahrzeuge mit ihrer Gischt benetzen. Wunderbare Kurvenkombinationen und die sagenhafte Aussicht suchen in der Welt sicherlich ihresgleichen. Obwohl dies nur meinen absolut subjektiven Eindruck wiedergibt, empfehle ich jedem Motorradfahrer, sich diese Strecke ein Mal im Leben zu gönnen.

Spät abends schreibe ich noch die versprochene tägliche SMS ins Basislager nach Heidelberg und gegen 23 Uhr krabbele ich in den Schlafsack zur Nachtruhe, obwohl es draußen noch taghell ist.

Kapitel 6: Ins Land der Sámi

12. Juni
Marstein - Namsos
N 64°28′26.9" / E 011°34′39.5"
495 km
regnerisch, kalt

Früh morgens packe ich, inzwischen schon routiniert, meine Sachen zusammen. Es wird hier im Norden bereits so früh hell, dass mir das Ausschlafen schwer fällt. Laut Navi war heute um 03:35 Uhr Sonnenaufgang, wenig später hat es mich einfach nicht mehr im Bett gehalten. Ich bin aber nicht der Einzige, dem es so geht, im Waschraum begegne ich einem der Wohnwagenfahrer, der auch nicht mehr schlafen kann. Gestern habe ich keinen von ihnen mehr gesehen, sie haben sich bei dem miesen Wetter in ihren Caravans verkrochen. Immerhin erfahre ich jetzt, dass es sich um zwei deutsche Familien gehobenen Alters handelt, die fast jedes Jahr gemeinsam hierher kommen, um zwei Wochen Urlaub miteinander zu verbringen.

Bei heißem Kaffee und einem Schokoriegel zum Frühstück schaue ich noch mal auf die Karte, aber heute stehen mir keine besonderen Attraktionen bevor, ich werde auf der E136 weiter bis nach Dombås und von dort auf der E6 bis zu einem Campingplatz bei Trondheim fahren. Etwa 300 Kilometer, das dürfte auf den E's, den großen Straßen, kein Problem sein. Um 6:00 Uhr lasse ich den Motor an, um die heutige Etappe in Angriff zu nehmen.

Die Straße ist nass, aber gut in Schuss, nennenswerte Kurven gibt es nicht und so gleite ich mit circa 90 km/h bei 2.500 Touren gemütlich weiter in Richtung Nordkap. Grundsätzlich sind außerhalb geschlossener Ortschaften zwar 80 km/h vorgeschrieben, aber das ist eine ganz doofe Geschwindigkeit für die RT, denn dann hängt sie genau zwischen zwei Gängen. Für den sechsten ist der Speed knapp zu langsam, dann fängt das Moped an, leicht zu rütteln, im fünften hat man hingegen ständig das Bedürfnis, hochzuschalten, es fühlt sich einfach nicht richtig an, im vorletzten Gang herumzufahren. Mit neunzig kann man jedoch ganz entspannt im großen Gang cruisen.

Die Strecke führt durch schöne Landschaften mit herrlichen Wäldern, sattgrünen Wiesen, reißenden Bächen und Flüssen, die wie gemacht sind zum Wildwasser-Rafting, und hunderten von Wasserfällen, wieder einer schöner als der andere. Meine Fahrt verläuft vollkommen ereignislos.

Da sehe ich auf einmal direkt am Straßenrand des dicht bewaldeten Gebietes auf einer Lichtung eine kleine Herde von fünf bis sechs Elchen. Ein männliches Tier mit seinem schaufelförmigen Geweih und die anderen, bei denen es sich wohl um seine Kühe handelt, grasen dort und scheinen sich nicht um vorbeifahrende Autos oder Motorräder zu scheren. Entwarnung? Nein, denn zwei von ihnen streiten sich heftig und steigen mit den Vorderläufen gegeneinander auf, wie ich es nur von Pferden kenne. Das sieht richtig aggressiv aus, wie die beiden mit ihren langen Schädeln aufeinander losgehen. Als ich an ihnen vorbei bin, wird mir kurz heiß, denn ich war von dem Anblick so fasziniert, dass ich null Bremsbereitschaft aufgebaut habe und einfach an der Szenerie vorbeigerollt bin. Wenn eines der streitenden Biester auf die Straße ausgebüxt wäre … Erwachsene Elche können immerhin bis zu 800 kg wiegen, da hätte selbst die Dicke Bertha nicht gegen anstinken können. Mannomann, ich muss besser aufpassen! So etwas lässt sich ja auch mental trainieren. Ich muss mich einfach auf solche Situationen einstellen und den dann notwendigen Handlungsablauf im Geist schon einmal durchgegangen sein.

Wie vorgesehen, wechsele ich bei Dombås auf die E6, Norwegens Hauptverbindung in den hohen Norden. Sie hat sehr unterschiedliche Gesichter, von der vernachlässigten kleinen Landstraße bis hin zur gut ausgebauten vierspurigen Schnellstraße. Und auch heute lässt sie mich wieder ihre gefährlichen Spurrillen spüren, die vor allem im Regen leicht zu unterschätzen sind und aus denen man manchmal gar nicht so einfach wieder heraus kommt. Meine Bertha, ganz besonders mit den momentanen Reifen, ist sonst immer die Ruhe in Person und lässt sich weder von Unebenheiten noch von irgendwelchen Längsrillen vom Kurs abbringen oder in Unruhe versetzen. Aber die Spurrillen der E6 lassen mich heute mehr als ein Mal angespannt die Fußspitzen anheben und die Arschbacken zusammenkneifen. Auf der E6 muss man stets hellwach sein, es gibt weitaus angenehmere Straßen.

Was die Geschwindigkeit anbelangt, bin ich nicht der Einzige, der sämtliche Messtoleranzen ausschöpft. Für die Einheimischen gilt hier offenbar generell, dass 10 km/h schneller als erlaubt, völlig in Ordnung sind, denn dann kann man nämlich vor einem Blitzer noch rechtzeitig reagieren und abbremsen. Langsamer darf man nicht sein, denn dann stellt man ein rollendes Verkehrshindernis dar. Schneller als 100 km/h wiederum mag aber auch keiner fahren. Sclbst auf Autobahnen, wo statt der normalen 90 km/h ab und zu Abschnitte für 110 km/h freigegeben sind, fährt kaum einer so schnell wie man darf.

Völlig unerwartet komme ich, bevor es hinauf auf's Dovrefjell geht, wieder einmal an einem Kjettingplass vorbei. Allerdings habe ich eines nun schon dazugelernt, nämlich die

Regenpelle anzuziehen, bevor es unmöglich wird. Die elektronische Anzeige der Windgeschwindigkeit zeigt 9 m/s an, gestern waren es viel mehr. Aber auch umgerechnet nur etwas über dreißig Stundenkilometer erleichtern die Sache nicht gerade.

Es stellt sich heraus, dass das Dovrefjell landschaftlich sehr schön, die Straße in Ordnung und gut zu fahren ist. Und vor allem, es ist wider Erwarten weit und breit kein Schnee zu sehen. Etwas Wind, sonst keinerlei Schwierigkeiten, das ist auch mal ganz angenehm.

Der Nationalpark Dovrefjell liegt oberhalb der Baumgrenze. Eine steinige Landschaft, die viele Moore und Sümpfe, aber wenig Bewuchs aufweist. Angeblich sollen sämtliche Arten der in Norwegen bekannten Bergpflanzen auf dem Dovrefjell vorkommen, sicherlich in Senken und Tälern, wo der Wind nicht so stark pfeift und sogar kleine Bäume wachsen können. Die Fahrt durch die Tundra ist recht kurzweilig, denn ich halte Ausschau nach einer Sehenswürdigkeit, die nur hier vorkommt: Der Nationalpark hat seine Berühmtheit nämlich auch deshalb erlangt, weil er das einzige Gebiet Norwegens ist, wo der wildlebende Moschusochse, eines der typischsten Tiere der Polarzone, vorkommt. Früher waren Moschusochsen in fast ganz Norwegen heimisch, sie wurden aber von den Wikingern ausgerottet. Erst als man wieder Tiere aus Grönland hierher brachte und auswilderte, begannen sich die Bestände der kälteresistenten Wiederkäuer neu zu etablieren. Trotz aller Wachsamkeit kann ich aber keines dieser Kinder der Eiszeit entdecken.

Während einer Bergaufpassage durch ein Waldstück mit herrlichem Kurvengeschlängel taucht am Wegesrand ein Souvenirshop auf. Ein Schild Lapp-Camp weist darauf hin. Die rotbraune Holzhütte ist innen wie außen bunt geschmückt, internationale Flaggen wehen davor und ein kleiner Troll mit Wikingerhelm hält am Eingang Wache. Ein handgemaltes Plakat mit Sapmi Souvenir verrät, dass ich mich nun schon in Lappland befinde, dem Lebensraum der Sami. Lappen mögen sie übrigens nicht mehr gerne genannt werden. Sie bezeichnen sich selbst als Sámi, was soviel heißt wie Sumpfleute, aber auch Samen ist korrekt. Es gibt regional unterschiedliche Schreibweisen ihres Namens. Sapmi ist der Name der Einheimischen für das Land der Sámi. Sie stellen mit vier Prozent der Bevölkerung eine echte Minderheit dar und konnten in ihrer Geschichte nie einen samischen Staat ihr eigen nennen. Dies ist der südlichste Zipfel Lapplands, wobei es aber auch hier wieder unterschiedliche Definitionen des Gebietes gibt. Manche sehen es erst nördlich des Polarkreises, obwohl hier unten schon Sami leben. Von jetzt an, bis ich nach dem Nordkap wieder in Finnland gen Süden fahre, werde ich mich in Lappland aufhalten. Die Bevölkerungsdichte soll unter zwei Personen pro Quadratkilometer liegen, zumeist leben sie in Städten. Außerhalb der großen Städte ist die Bevölkerungsdichte heutzutage daher fast Null.

Im Shop werden alle landestypischen Souvenirs angeboten. Geweihe von Rentieren und Elchen, Felle, warme Kleidung im samischen Stil, Korkenzieher mit Horngriff aus Elchgeweih, wundervoll verzierte Messer und haltbare Lebensmittel, für die ich mich besonders interessiere, denn mein Magen knurrt schon seit geraumer Zeit. Ich kaufe mir mal etwas ganz Neues – eine Elchwurst, die, etwa so groß wie eine Salami, vakuumverpackt ist und ungekühlt aufbewahrt werden kann.

Selbst der alte Herr in samischer Tracht, dem der Laden gehört, spricht fließend Englisch, was ich nicht unbedingt erwartet hätte, und wir unterhalten uns ein paar Minuten. Er erzählt, dass hier früher eine größere Siedlung der Sami lag, die aber inzwischen aufgegeben wurde, und dass die Bewohner weiter in den Norden gezogen sind. Überhaupt würden die Sami vielfach ihre angestammte Lebensweise aufgeben müssen, um über die Runden zu kommen. Ihre Haupteinnahmequelle neben der Rentierzucht und der Jagd sei der Tourismus. Er selbst habe sich dazu entschlossen hier zu bleiben und mit dem Lappenladen sein Auskommen zu bestreiten.

Zurück am Motorrad schnappe ich mir das Messer aus dem Tankrucksack und mache mich über die unbekannte Elchwurst her. Schon beim Aufschneiden der dunkelroten Wurst fällt auf, dass sie sehr mager ist, jedenfalls fehlen die Fettstücke, wie man sie von der Salami kennt. Von ihrem Äußeren her hatte ich ein salamiähnliches Inneres erwartet. Dafür riecht und schmeckt sie sehr intensiv nach Wild. Das Fleisch ist trocken und für meinen Geschmack ein wenig zu scharf gewürzt, ich stürze eine kleine Flasche Cola hinterher. Eine interessante Erfahrung, diese Elchwurst. Den Rest hebe ich mir auf, für heute Abend oder so.

Im weiteren Verlauf der Fahrt, als ich das Fjell schon wieder hinter mir gelassen habe, erfordern die vielen stationären Blitzer meine ständige Aufmerksamkeit. Wenigstens werden sie immer vorher von einem Schild angekündigt, soweit ich das mitbekommen habe. Erst kommt ein Geschwindigkeitsbegrenzungsschild, 70 km/h zum Beispiel, dann ein Achtung-Blitzer-Schild, dann die Blitzsäule. Immer das gleiche Spiel. Die Norweger fahren dazwischen wesentlich schneller, ich versuche allerdings, guten Willen zu zeigen und die Geschwindigkeit nur moderat an meine Bedürfnisse anzupassen. Mobile Blitzer habe ich zwar erst einen gesehen, aber immerhin gibt es welche, also aufpassen! Die Fahrt ist bis Trondheim wenig aufregend und entspannend bis eintönig.

Ein Blick auf Uhr und Tacho sagt mir, dass ich schon sehr bald, gegen Mittag, mein heutiges Ziel erreicht haben werde. Nun überlege ich, ob ich mir Trondheim ansehen oder schon zum Campingplatz weiterfahren soll, wo ich dann aber den halben Tag nichts zu tun hätte. Oder soll ich einfach die nächste Etappe dranhängen, denn die ist mit geschätzten 180 Kilometern recht überschaubar und bequem an einem Nachmittag zu schaffen? Hmmmm ...

Trondheim ist nach Oslo und Bergen die drittgrößte Stadt des Landes und kann mit einigen Sehenswürdigkeiten aufwarten. Der Hafen mit seinem Fischmarkt könnte mich schon reizen. Jetzt leckeren Fisch zum Mittagessen wäre nicht schlecht. Ich könnte auch mal in die Innenstadt schauen und dort einen Dom und eine Bischofsresidenz bestaunen. Man wird sehen.

Je weiter ich mich Trondheim nähere, desto belebter werden die Straßen. Leichter Regen setzt wieder ein, der dafür sorgt, dass die entgegenkommenden LKW nicht nur mit ihrer Wand aus Luft, die sie vor sich herschieben, sondern auch in einer Gischtwolke an einem vorbeirauschen, die die Sicht durch das Helmvisier augenblicklich auf null reduziert. So wie die Jungs drauftreten, unterliegen sie offenbar keiner Geschwindigkeitsbeschränkung, oder sie wissen genau, wo sie langsam machen müssen, um nicht erwischt zu werden. Haben die denn keine Tachoscheiben drin? Achtzig fährt hier jedenfalls keiner.

Es gießt in Strömen, als ich auf Trondheims Stadtautobahn unterwegs bin. Warm und trocken eingepackt und mit eingeschalteter Griffheizung sehe ich zwar die Hinweise auf verschiedene touristische Attraktionen an mir vorüberziehen, bringe es aber irgendwie nicht fertig, abzubiegen und ihnen zu folgen. Es ist so schön gemütlich hier auf dem Moped, ich möchte Helm und Handschuhe nur ungern ausziehen. So lasse ich mich einfach treiben und werde vom Verkehrsstrom mitgenommen. Der spielt Schicksal und schon bald habe ich Trondheims Stadtgebiet wieder verlassen, rolle auf einem Abschnitt der E6, der zur Autobahn ausgebaut ist, und mache schneller Strecke, als mir lieb ist. Angesichts der frühen Tageszeit beschließe ich, den vorgesehenen Campingplatz, der bald kommen müsste, zu überspringen und die morgige Etappe heute schon dranzuhängen, einfach aus Spass am Fahren.

Der Regen wird nun zwar heftig, aber meine Ausrüstung und ich sind entsprechend verpackt. Es macht sogar Spaß, unter Bedingungen zu fahren, bei denen man zu Hause nicht einmal im Traum auf's Motorrad steigen würde. Ein bisschen kindisch vielleicht, aber in Gedanken spiele ich mit dem Gefühl, ein Weltenbummler zu sein, den nichts aufhält, der sich seinen Weg entgegen aller Widrigkeiten bahnt und sich unerschrocken dem Ziel seiner Expedition nähert. Ein echter Nordkap-Tourer eben. Auch so kann man seine Motivation aufrecht erhalten ... Warum denn nicht?

Am Nachmittag kommt endlich bei Steinkjer die Stelle, an der die Rv17, die viel gepriesene Küstenstraße, von der E6 abzweigt und sich mein Kurs nun in Richtung Nordmeer-Küste ändert. Statt auf der E6 im Landesinneren weiter nach Norden zu brettern, wählte ich bei der Planung die Strecke in Küstennähe, die vier Fährüberfahrten beinhaltet, um bis in die Nähe des Polarkreises zu kommen. In schätzungsweise fünfzig Kilometern werde ich mein neues Tagesziel Namsos erreicht haben. Dort werde ich hoffentlich auch schon einen ersten Blick auf das Nordmeer werfen können.

Dass ich an diesem verregneten Tag wieder eine Hütte nehmen werde, habe ich schon lange beschlossen. Mir fehlt einfach die Lust, mein Lager im Regen aufzuschlagen, wo sich doch die bessere Alternative geradezu aufdrängt. Mein Zelt ist wirklich prima, es hat alles, was es haben soll, ist auch im Sturm noch sehr stabil, aber das Einzige, das ich wirklich bemängele, ist, dass es nicht im Regen aufgebaut werden kann, ohne dass das Innenzelt dabei nass wird. Das muss man nämlich zuerst aufbauen, daran geht kein Weg vorbei. Und bis man das wasserdichte Außenzelt schlussendlich darüberwerfen kann, vergeht gerade genug Zeit, dass alles vollkommen durchnässt ist und man in einer Tropfsteinhöhle schlafen kann. Man muss dummerweise vom Einfädeln der Stangen bis zum Einschlagen aller Heringe alles sozusagen am Rohbau erledigen, bevor das Dach draufkommt. Das ist ein Kriterium, das beim Zeltkauf unbedingt beachtet werden sollte: Kann ich das Ding im Regen trocken aufbauen?

Über eine zweiteilige Brücke, für jede Fahrtrichtung ein eigenes Bauwerk, überquere ich den Namsenfjord, der in direkter Verbindung mit dem Nordmeer steht, das ich heute wohl leider doch noch nicht zu Gesicht bekommen werde. Nur wenige Minuten später laufe ich bei rekordverdächtigen Niederschlägen auf Namsos Camping ein.

Der Platz macht wirklich einen sehr sympathischen Eindruck, die Hütten sehen alle ziemlich neu und gepflegt aus. Sie liegen schön verteilt in einem Waldstück, zwischen ihnen wächst kurz geschnittener Rasen. Der Campingplatz liegt am Wasser, er hat einen recht langen Sandstrand an einem Gewässer, das entweder ein Ausläufer des Fjords oder das letzte Stück des Flusses Nansen ist, der in den Fjord mündet. Auch hier entdecke ich weit und breit kein Zelt, was mein angekratztes Camper-Selbstverständnis etwas aufbaut.

Dann wird das Waldstück unerwartet von ohrenbetäubendem Lärm erfüllt, den ich erst gar nicht richtig zuordnen kann, bis ein zweimotoriges Passagierflugzeug mit dröhnenden Propellern durch mein Blickfeld schießt. In unmittelbarer Nähe, nur einen Steinwurf entfernt, liegt Namsos Airport. Ebenfalls direkt am Wasser. Ich blicke dem startenden Flugzeug hinterher und dann auf den Flugplatz. Ein paar wenige Propellermaschinen stehen dort. Der Tower ist nicht gerade unscheinbar. Komisch, dass er mir vorher noch nicht aufgefallen ist. Als Luftfahrtfan gefällt es mir natürlich sehr gut, gleich neben der Startbahn Quartier zu beziehen.

Noch bevor ich mich beim Empfang des Campingplatzes anmelde, stelle ich fest, dass der Platz über vorbildliche sanitäre Anlagen verfügt. Alles ist blitzsauber und von hochwertiger Bauart. In den Waschräumen ertönt fetzige Musik aus den vielen an der Decke installierten Lautsprecherboxen. Es ist ein Radiosender nach meinem Geschmack und ich bekomme Lust, nachher diesen Sender in meinem Radio zu suchen und heute mal wieder Musik zu hören, das habe ich während der ganzen Fahrt noch nicht gemacht, obwohl ich mir doch extra den Speicher des Handys mit guter Musik vollgeknallt habe. Ganz vergessen vor lauter neuen Eindrücken.

Übrigens hat sich die für zwölf Euro beim ADAC erworbene Camping Card Europe, sie beinhaltet die nicht mehr einzeln erhältliche Camping Card Skandinavia, schon mehr als bewährt. Auf bis jetzt ausnahmslos jedem Platz war man erfreut, als ich sie auf den Tresen legte, oder man hat sogar danach gefragt. Auch hier gibt man mir auf den Hüttenpreis von etwa 60 Euro einen kleinen Rabatt von neun Euro und ich bekomme meine Hütte zugewiesen.

Das Motorrad kann ich vor meiner Terrasse parken und die Sachen schnell in die trockene Hütte werfen. Sofort die Heizung anmachen, umziehen in zivil und erst einmal gemütlich in den Sessel setzen und ein wenig ausruhen, so lasse ich es mir gefallen, da verkrafte ich auch mühelos die verletzte Camperehre. Wenn man diese Hütten zum ersten Mal betritt, riechen sie

Die schlichte Stabkirche in Torpo stammt aus dem Jahr 1200.

›isschen muffig oder modrig, aber wenn die Heizung geschaltet ist und man sich darin eingerichtet hat, merkt bald gar nicht mehr und es kann sehr heimelig darin Diese Bude hat sogar zwei Räume. Vorne am Eingang /ohnzimmer mit Sofa, Sessel und Tisch auf der einen r einfachen Küchenzeile auf der anderen Seite. Nach findet sich das Schlafzimmer für bis zu sechs Personen. ıgang zwischen den Räumen sind Schränke für das Gegebaut.

der täglichen Alles-okay-SMS brate ich mir Nudeln mit ıd Ei und verspeise sie zusammen mit dem Rest der st.

itze ich hier in meiner gemütlichen Hütte, schreibe ebuch und höre im Radio sensationell gute Musik auf r vier empfangbaren Sender meines Handys. Ein gut s Moderatoren-Team führt durch die Sendung. Eine ıe Stimme auf Norwegisch, eine weibliche wiederholt e jeweils auf Englisch. Die Norweger sind sehr intereingestellt. Fast alles ist in mehreren Sprachen angen. Auf Campingplätzen sind die Informationen stets auch auf Deutsch zu lesen. Wenn ich aus dem Fenster he ich einen Spielplatz, dahinter den Strand. Rechts s Ende der Landebahn und ganz in meiner Nähe, vor einer Nachbarhäuser, steht die furchtbar dreckige Tines jungen Burschen aus Hamburg, der auch auf dem Nordkap ist. Er ist erst vor vier Tagen losgefahren, wie rhin am Waschhaus erzählt hat, und wie ich über die lder gekommen. Aber er fährt ein Naked Bike und dem Moped schützt ihn und sein Gepäck vor Dreck ser. Genau so sehen er und seine Maschine auch aus. r Hund oder ein armes Schwein, je nach dem.

Auf dem Airport herrscht reger Flugbetrieb. Etwa a Stunde startet oder landet eine dieser zweimotorigen nen. Es gibt keine Jets, nur Propellerflugzeuge, wahrsc wegen der unzureichenden Länge der Startbahn. Je springe ich auf und sprinte zum Fenster, um das Scha beobachten.

Spät am Abend hört der Regen fast ganz auf und i mere mich wieder um den Ölstand der RT. Heute muss i nachfüllen, aber der ungewöhnlich geringe Verbrauch l mich ein Mysterium. 300 Milliliter auf 3.000 Kilomete in der Tat nur ein Drittel des sonst üblichen Verbrauche scheinlich kommt es von der gleichmäßigen, gemäßigt weise, denn auch der Spritverbrauch liegt deutlich u gewohnten fünf bis sechs Litern. Fast 500 Kilomete heute gefahren, ohne Probleme wegen des langen Sitze kommen. Alles ist in bester Ordnung.

Ein ereignisarmer und regnerischer, aber dennoch Tag neigt sich dem Ende zu und wieder ist die Nacht ki worden, nämlich von 23:44 bis 02:40 Uhr erwartet d Keine drei Stunden dauert sie mehr, in denen es ohnel ganz dunkel wird.

Die Hüttenpreise halten sich absolut im Rahmen, c ich mir viel teurer vorgestellt, aber wenn man sie erst r drei oder gar vier Mann teilt, sind sie sogar richtig gün Gruppen ideal.

Kapitel 7: Einbahnstraße

13. Juni
Namsos - Svennigdal/Trofors
N 65°26′38.5" / E 013°24′05.5"
360 km
wenig Regen, dann strahlender Sonnenschein

platsch, platsch! Ich liege im Bett und höre schon das ·on heute! Wie spät ist es denn eigentlich? Uaaah, erst ! Und schon taghell! Die Beleuchtungssituation in Nor- aubt mir den Schlaf, daran habe ich mich noch nicht :. Aber statt schon aufzustehen, schnappe ich mir mein und lese noch ein bisschen in Hape Kerkelings "Ich bin l weg". Und dann will ich noch ein Minütchen pennen, amstagmorgen im Bett ist doch auch mal ganz schön. alb acht startet mit lautem Getöse das erste Flugzeug e und ich stehe langsam auf.

ine Stunde später mache ich mich im Regen auf zur tappe. Von den vier Hütten, vor denen Motorräder par- ich der Erste, der schon auf die Strecke geht, von den Jungs sind noch keine Lebenszeichen zu vernehmen. o bin ich im Regen ganz alleine unterwegs, kaum ein Fahrzeug weit und breit, die Leute scheinen alle noch fen. Ist denn heute irgendein Feiertag? Ich ziehe die n höher, denn mir pfeift der kalte Wind unangenehm n Helm und es wird kalt im Nacken.

Plan lautet, auf der kleinen Küstenstraße Rv17 über vier ɔis in die Nähe von Mo i Rana zu gelangen und mor- dort wieder auf die E6 zu schwenken, um auf ihr den

Polarkreis zu überqueren. Die Rv17 führt insgesamt ü als 600 Kilometer und sieben Fähren von Steinkjer, wo tern von der E6 abgebogen bin, bis hinauf nach Bodø. setzen die Fähren unter anderem auch zu den Lofoten ebenfalls auf meiner Route liegen, ich werde aber auf d bis etwa Leirfjord bleiben. Dort trifft sie auf die Rv1 dann wieder ins Landesinnere folge. Und erst nördlic larkreises nehme ich wieder Kurs auf Bodø. Von dort mit dem Schiff auf die Lofoten über.

Es irritiert mich, dass auf meinen Karten und in richten der Name der Straße Rv17 lautet, während Sc Straßenrand und neuere Prospekte sie mit Fv17 bezeic einer Tankstelle erfahre ich, dass die frühere Rv, was also Reichsstraße bedeutet, im Jahre 2009 von den anl Gemeinden in Fylkesvei, Provinzstraße, umbenann Auch den Namen Kystriksveien, was Küstenstraße he man vielerorts als ihre Bezeichnung lesen.

Von Namsos aus verläuft die Fahrt durch hügelige biete, vorbei an kleinen Seen und rauschenden Bäc Wetter bessert sich und immer öfter fallen Sonnenstrah Lücken in der dunklen Wolkendecke und tauchen d schaft in eine dramatische Beleuchtung. Idyllische, ja mantische Szenerien breiten sich immer wieder um m Verträumte Flecken an kleinen Seen, über die hinweg s dervolle Aussichten in die weite Landschaft ergeben, W mit ihren Jungen, die geruhsam im schilfbestandener umherpaddeln, oder rauschende, weiß schäumende Wa die ihre Wassermassen in den See ergießen. Und das den schneebedeckten Gipfeln der nahen Berge. Ich tröd morgen ganz bewusst und halte oft an, um mich, wenn regnet, einfach irgendwo hinzusetzen, die Idylle zu g

lles in mich aufzunehmen. Schade, dass Fotos die Stim-
eist nicht genau so wiedergeben können, wie man es an
Drt empfunden hat. Wärmende Sonnenstrahlen, die
uft und das Fehlen von unangenehmem Lärm tun mir
ganzen Vormittag über habe ich bis jetzt nur ein Post-
einen Bus gesehen, sonst niemanden. Die Gegend ge-
fast ganz allein, keinen stört es, wenn ich mitten auf
ße stehen bleibe, weil mich ein Ausblick besonders fas-

Mal steht ein Rentier in Seelenruhe vor mir auf der
nd beobachtet, wie ich die Karre etwa zwanzig Meter
zum Stehen bringe. Es hat keine Angst und läuft erst
len Wald zurück, als ich die Kamera hektisch ausgepackt
l sie nur noch einschalten muss. »Hättest du denn keine
kunden mehr Zeit gehabt?«

ter es nun in Richtung Küste geht, desto wärmer wird
Välder werden dichter und meine ständigen Begleiter,
die Schneefelder auf den Bergspitzen, verschwinden
dem Blickfeld.

n Mittag erreiche ich bei blauem Himmel und schöns-
nenschein die Anlegestelle der Fähre von Holm nach
nd auf der Halbinsel Sømna. Etwa zwanzig Autos ste-
er Warteschlange vor mir. Wo kommen die denn plötz-
her, auf der Strecke habe ich keinen einzigen von ihnen
? Warten die schon lange? In nicht allzu großer Ent-
sehe ich auf dem Meer schon die Fähre herannahen.
mich am Ende der Warteschlange an.

le als das Schiff anlegt, kommen von hinten zwei belgi-
W GS angebrettert. Sie fahren an der Schlange vorbei
nach vorne. So kann man es auch machen!

darauf, als wir alle an Bord sind, gehe ich zu den Belgiern

und versuche, einen Smalltalk zu beginnen. Sie sprec nur französisch, was ich leider gar nicht kann.

Das Schiff legt ab und weil es ein bisschen schwa bei einer der beiden GS lautstark die Alarmanlage lo zweiten läuft der Motor noch. Die Belgier, zwei Ehepa geschrittenen Alters, stört das jedoch keineswegs, sie hä Helme über die Spiegel und entfernen sich vom Lade draußen, wo das schönste Wetter herrscht. Ihre Mope im Laderaum vor sich hin. Der Fahrer des Wagens hi beiden schaut mich verwundert an und hebt fragend d in Richtung der Motorräder. Ich nicke ihm zu, gehe zu gischen GS und drehe an der einen den Zündschlüssel Bei der anderen hört in diesem Moment von alleine di anlage auf. Na also, geht doch. Ich setze mich auf me schine, die vor einem Fenster parkt, und schaue hinaus, wir das kurze Stück nach Vennesund übersetzen. Das flektiert das umwerfende Blau des Himmels. Würde niedrige Temperatur nicht fühlen, könnte man mein befände sich in der Südsee.

Die knapp sechzig Kilometer von Vennesund bis zur Fähre in Horn sind auf der kleinen Fv17 bei herrlicher ein lockerer Ausflug an diesem schönen Samstagnac Nur zwei oder drei Mal könnte man auf andere kurze abbiegen, aber sonst gibt es auf Sømna nur diesen ei durch grüne Landschaften und die wenigen Siedlunge Halbinsel. Einmal überhole ich die Belgier, ansonsten die Fahrt recht ereignislos und schon bald erwartet nächste Fährpassage.

Die Fahrt mit dem Schiff von Horn nach Andalsvåge wiederum nicht lange, die schwarz und weiß gestriche stampft in Nu hinüber über den Velfjord, der die bei

ıder trennt. Bis nach Forvik gibt es jetzt nur diese eine, ı Kilometer lange Straße. Man hat keine Möglichkeit, 'v17 abzubiegen, sondern muss, wenn man weiterkom-, mit der nächsten Fähre nach Tjøtta auf der gleichna-ısel fahren. Diese Überfahrt wird etwas länger dauern sherigen. Schon bald stehe ich in der Schlange von ein ıigen Autos vor der Fähre nach Tjøtta und warte.

passiert nichts, die Leute werden ungeduldig und gehen 'ieder zum ausgehängten Fahrplan, um sich aufs Neue ı überzeugen, dass die Fähre eigentlich schon da sein ch erfahre, dass sie nach Plan heute noch zwei Mal nach hren soll. Die Belgier, die kurz nach mir ankommen, ach ein paar Minuten schon wieder um und fahren weg. er des Autos vor mir packt entnervt seine Angelaus-aus und vertreibt sich die Wartezeit, indem er versucht, Anleger Fische zu fangen.

ach einer gefühlten Ewigkeit kommt endlich die Fähre ıpelt, legt an und entlässt ein einziges Auto an Land. ücke schon auf den Anlasser und auch die Autos rings werden angelassen. Gleich wird es weitergehen! Aber ns an Bord fahren zu lassen, schließt der Lademeister die wieder und macht eine Handbewegung, die bedeutet: ıd! Nichts geht mehr! Einige hupen, andere steigen aus nnen mit ihm zu diskutieren. Mittlerweile ist es schon achmittag. Ich kann mir beim besten Willen nicht vor-ass er seine Tour noch mal fährt, nachdem er uns bereits at, dass für heute Schluss ist. Da könnte man ja gleich en, mit einem Busfahrer zu diskutieren, ob er seine elleicht noch einmal fahren möchte. Also schaue ich auf e nach Alternativen. Aber wie befürchtet gibt es keine. bzweig, keine Chance, von hier aus auf dem Landwege

mein Ziel zu erreichen. Überhaupt gibt es keine ander
als zurück nach Andalsvågen zur Fähre zu fahren. Wir
gefangen!

Noch während nun etliche der Wartenden mit de
meister streiten, drehe ich um und fahre flott zurück.
dortige Anleger ist leer, kein Schiff in Sicht. Die Belgi
Recht, dass sie gleich gewendet haben. Sicher sind sie sc
der drüben, während ich über zwei Stunden gewartet h
dem Fahrplan, der an der grauen Baracke des Fähranle
hängt, werde ich nicht schlau, langsam beschleicht mic
fürchtung, dass heute überhaupt keine Überfahrt na
mehr vorgesehen ist und wir hier tatsächlich festsitzen.
ja eine lustige Nacht werden.

Nach einiger Zeit kommt die Karawane der Gest
angefahren. Sie konnten den Käpt'n wohl nicht dazu
noch einmal zu fahren. Viele steigen mit griesgrämigen
aus und schauen auf den Fahrplan. An der noch schlech
denden Laune und dem Tonfall der heftigen Diskussi
kenne ich, dass meine Befürchtung vermutlich richtig
wir hier nicht mehr wegkommen. Eine junge Norwe
stätigt mir das, als ich sie danach frage. Auf eine der an
seln geht noch eine einzige Überfahrt, aber Horn ist f
gegessen.

Etwas unentschlossen laufe ich an der Mole entl
überlege, was ich machen kann. Einfach umzudrehen
gendwo mein Zelt aufzuschlagen gefällt mir nicht be
aber wahrscheinlich wird es darauf hinauslaufen. Das
aber immer noch tun, es bleibt ja fast die ganze Nacht
das Wetter ist gut, Eile ist also nicht geboten. Nur ein pa
sind wieder weggefahren, um sich einen Platz für die
suchen, die anderen warten. Inzwischen ist es Abend ge

Die Installation „Kinder der Erde“ am Nordkap.

Überquerung des Polarkreises in Finnland Richtung Süden.

Die schlichte, großartige Eismeerkathedrale in Tromsø.

Das Nordkap bei strahlend blauem Himmel – endlich.

Jedes Jahr erklimmen die Lachse den gigantischen Laksforsen.

Wie in der Südsee – eine Bucht bei Ramberg auf den Lofoten.

Hauptsache trocken und warm – eine sehr einfache Hütte in Marstein.

Die dünn besiedelte Halbinsel Sømna ist ein echtes Idyll.

Auf der Adlerstraße geht es durch den Winter hinauf zum Trollstigen.

Witziger Wegweiser zum Trollshop am Fuß des Trollstigen.

Eine Bilderbuchlandschaft auf dem Weg zum Geirangerfjord.

Blick auf den Geirangerfjord mit den allgegenwärtigen Kreuzfahrtschiffen.

In Borgund steht die berühmteste Stabkirche von ganz Norwegen.

Die komfortable Hütte in Vasbakken bietet alles, was das Herz begehrt.

Da sieht einer die Fähre kommen. Sofort beginnen die Diskussionen wieder. Na super, dann kommt nun endlich wieder Bewegung ins Spiel. In ein paar Minuten wissen wir, ob und wie es weitergeht.

Das Schiff legt an und einige Autos fahren an Land. Zwischen ihnen sehe ich den Hamburger auf seiner Triumph, der auch in Namsos übernachtet hat. Konzentriert rollt er über den eisernen Steg und dreht dann das Gas auf, um sofort an den Autos vor ihm vorbeizujagen. Oh Mann, hat er nicht gesehen, dass ich ihm gewunken habe, um ihn anzuhalten? Nun sitzt er unweigerlich hier fest, aber er hat ja zum Glück ein Zelt dabei, wie ich gesehen habe. Ich hege noch immer die Hoffnung, dass die Fähre doch noch mal nach Horn fährt, was sich jetzt gleich klären wird. Wenn nicht, fahre ich vielleicht hinter dem Hamburger her und wir sehen, wo wir gemeinsam unsere Zelte aufbauen. Denn einen Zeltplatz für eine Nacht zu finden, ist hierzulande kein großes Problem.

In Skandinavien (außer Dänemark) und in Schottland gilt nämlich das sogenannte »Jedermannsrecht«, das allen Menschen über das reine Betreten hinaus das Recht einräumt, Land zu nutzen und dort zum Beispiel Früchte für den eigenen Bedarf zu pflücken, zu zelten oder unter Umständen sogar ein Feuer zu machen. Grundsätzlich steht das Jedermannsrecht, wie der Name schon sagt, jedem zu, es ist also nicht von der Zustimmung des Grundbesitzers abhängig. Allerdings ist seine Ausübung nur in dem Maße erlaubt, dass niemand davon beeinträchtigt wird. Das heißt, es ist genügend Abstand zu bewohnten Flächen einzuhalten, es darf kein Schaden an Höfen und Gärten, Wiesen und Feldern angerichtet werden, auf keinen Fall darf man jagen und man darf natürlich keinen Abfall hinterlassen. Kurz gesagt, man muss das nötige Augenmaß einhalten und sich anständig verhalten, dann kann man unbesorgt ein bis zwei Tage bleiben. So habe ich es verstanden, aber ich bin kein Anwalt. Dieses Recht ist eine feine Sache, es gibt einem Freiheiten, die man bei uns in Deutschland beispielsweise nicht hat, aber man sollte es gerade deshalb auch nicht überstrapazieren. Ich habe gehört, dass vielerorts schon über seine Einschränkung oder sogar Abschaffung diskutiert wird, weil es einfach zu viel geworden sei mit den Wildcampern. Aber in begründeten Ausnahmefällen wie diesem sollte es doch keine Probleme geben, denke ich.

Wie dem auch sei, wenn also alle Stricke reißen, spricht grundsätzlich nichts dagegen, sich heute in den weitläufigen Landschaften einen Lagerplatz für die Nacht zu suchen.

Vorne an der Fähre sind mittlerweile heftige Wortwechsel im Gange. Aber schon nach relativ kurzer Zeit beruhigt sich der Tumult glücklicherweise wieder und die Leute gehen zurück zu ihren Autos. Ich erfahre, dass die Fähre heute eigentlich nur noch auf eine der Inseln fährt und nicht mehr nach Horn, wie dem Plan bereits zu entnehmen war, aber dass der Fährmann sich bereit erklärt hat, seine Route zu erweitern und uns wieder zurück nach Holm zu bringen. Perfekt! Die lassen also doch mit sich reden, sehr nett. Der Biker aus Hamburg wird wohl alleine campen müssen.

Die Überfahrt dauert fast eine Stunde, während der ich versuche, mein heutiges Ziel neu festzulegen, denn zum geplanten Campingplatz komme ich nicht mehr, dort wäre ich nur mit der vierten Fähre hingekommen, die ich aber nun nicht mehr erreicht habe. Eine große Auswahl gibt es nicht, denn von dieser Insel beziehungsweise Halbinsel kommt man nur über die Rv76, die nach Südosten führt, herunter.

Aber das sieht gar nicht so schlecht aus, stelle ich erleichtert fest, denn danach komme ich automatisch wieder auf die E6, auf der ich ohnehin bis über dem Polarkreis bleiben wollte. Glück gehabt!

Nach ungefähr zwanzig Kilometern zweigt die Rv76 in der kleinen Siedlung Skillvika von der 17 ab. Die Küstenstraße, jedenfalls das wenige, das ich von ihr gesehen habe, war sehr schön. Man hat herrliche Ausblicke auf das Nordmeer, überfährt schöne geschwungene Brücken und kommt durch wunderbare Landschaften.

Nun biege ich auf die kleine Rv76 ab, die mich quer durch die Provinz Helgeland wieder auf meinen Kurs nach Norden auf der E6 bringen soll. Liebe Leute, ich kann nur sagen, dass es ein absoluter Glücksfall war, der mich auf diese Straße geführt hat! Eine wundervolle Strecke, unvorstellbare Aussichten und Landschaften. Wälder, Felsen, Fjorde, Wildwasser, schneebedeckte Gipfel, gigantische Wasserfälle und 87 Kilometer Kurven satt. Es ist tatsächlich zum schwindlig fahren. Alles recht flotte Kurven, ein ständiges Auf und Ab, kaum je ein gerades Stück Straße, fast immer nur erstklassiger Fahrbahnbelag und ganz ganz wenig Verkehr, irgendwie eine vergessene Strecke. Die wenigen anderen Verkehrsteilnehmer sind selbst sportlich unterwegs und fahren hier offensichtlich zu ihrem Vergnügen. Mir begegnen fast nur Sportwagen. Meine Reifen müssen ein wenig leiden, hauptsächlich an den Flanken. Ich weiß gar nicht, worüber ich mich mehr freuen soll – darüber, dass ich die RT mal so richtig fliegen lassen kann, oder darüber, dass ich dieses Konzentrat an Norwegens landschaftlichen Höhepunkten gefunden habe und hautnah erleben darf. Zum Schluss kommen noch ein paar Tunnel, der letzte ist der Tosen-Tunnel mit 5,8 km Länge, quasi zum krönenden Abschluss der aufregenden Kurvenhatz.

Es ist spät geworden und ich weiß noch nicht, wo ich heute übernachten werde, deshalb halte ich nirgends an, um zu fotografieren, sondern befinde mich Nonstop in sportlichem Tiefflug. Wenn ich einen Geheimtipp geben sollte, dann wäre das ganz eindeutig meine »Route 76«, die Essenz Norwegens und eine einmalige Motorradstrecke, eine wirklich außergewöhnlich schöne Route!

So herrlich dieser Zwischenspurt war, so anstrengend war er aber auch. Auf der E6 nehme ich deshalb wieder Gas raus, zuckele brav im Verkehrsfluss mit und beschließe, die nächste Übernachtungsmöglichkeit zu nutzen und Feierabend zu machen. Ich freue mich schon darauf, mich endlich ausruhen zu können.

Es dauert gar nicht lange, da sehe ich kurz vor dem Ort Trofors auf der linken Seite der E6 ein paar rot gestrichene Holzhütten. Ohne lange zu überlegen biege ich bei der nächsten Möglichkeit ab und fahre über den geschotterten Platz zum Rezeptionsgebäude vor, das auch einen kleinen Supermarkt beheimatet. Dort wird alles verkauft, was hier oben im Norden wichtig ist: Von Zäunen über Gasflaschen und Bootszubehör bis hin zu Lebensmitteln und Kleidung. Ich nehme ein Fertiggericht für heute Abend mit und Zutaten für ein kerniges Frühstück, sechs Eier und Speck, von welchem Tier auch immer.

Vor der Tür steht neben Bertha ein Schneemobil und eine Art Quad, allerdings eines mit drei angetriebenen Achsen und extrem grobstolligen Reifen. Das Teil ist für schwerstes Gelände bei jedem Wetter geeignet. Auf der Ladefläche sind Kanister, Holz und Werkzeug befestigt. Ein Nordmann, wie er uriger nicht aussehen könnte, kommt, um das alles abzuladen. Es ist unübersehbar, dass ich mich nun immer weiter der Polarregion nähere.

Die Hütte, die ich trotz der späten Stunde noch bekomme, ist zwar die günstigste bisher, aber leider auch ziemlich dreckig.

Alles klebt irgendwie und es riecht nicht besonders gut, aber ich bin dennoch froh, mich in den alten Fernsehsessel hauen zu können und ein paar Minuten Pause zu machen.

Nun ist die erste Woche schon um, ich bin 3.250 Kilometer gefahren und habe beeindruckende Dinge gesehen. Die Nacht wird jetzt nur noch weniger als zwei Stunden dauern. Vermutlich werde ich morgen schon den Polarkreis überqueren, dann wird es vorläufig gar nicht mehr dunkel werden.

Jetzt bin ich hundemüde, die Fahrt war echt lang heute. Gerade bin ich beim Blick auf die Uhr ehrlich erschrocken, denn ich habe das Gefühl, dass es so um die 21 Uhr sein könnte, tatsächlich aber ist es schon nach 24 Uhr! Gute Nacht, ich haue mich in die Falle. Ach, mein Bett muss ich ja auch noch machen, och nöö …

Kapitel 8: Über den Polarkreis

14. Juni
Trofors - Nordnes, Rokland
N 65°26′38.5" / E 013°24′05.5"
283 km
wechselhaftes Wetter

Nach dem Aufstehen bereite ich mir ein ebenso leckeres wie opulentes Frühstück zu. Hungrig haue ich gleich alle sechs Eier zusammen mit Speckscheiben und den Resten der Elchwurst in die Pfanne. Dazu gibt es kleine Baguettebrötchen mit Wurst aus der Dose. Ein Pott heißen Instant-Kaffees rundet die perfekte Mahlzeit ab.

Draußen regnet es bei erfrischenden fünf Grad Bindfäden und der Himmel ist mal wieder grau in grau getönt. Meine zweite Reisewoche beginnt damit wettermäßig nicht gerade einladend. Vielleicht ändert es sich ja noch, bis ich losfahre. Bisher war noch kein Tag nur schön oder nur verregnet. Schau'n mer mal, ich kann mir ja Zeit lassen, denn bis Bodø, wo die Fähre zu den Lofoten abfährt, sind es noch ungefähr 460 Kilometer. Die Fähre legt zwar erst nachmittags um 16 Uhr ab, aber das schaffe ich heute bei normalem Fahrstil nicht mehr, also habe ich Zeit bis morgen. Für zwei Tage ist das eine ziemlich kurze Strecke und deshalb macht es nichts, wenn ich jetzt ein bisschen trödle.

Bis heute Abend will ich nur über den Polarkreis gekommen sein, keine große Sache, denn der liegt sozusagen schon in greifbarer Nähe. Dort erreiche ich dann das Land der Mitternachtssonne. Bin schon gespannt, was wohl das Navi zu den Sonnenauf- und -untergangszeiten sagt. »Error« vielleicht?

Während ich frühstücke, schaue ich aus dem Fenster zwischen Birken hindurch auf einen Bach, dessen Wasser plätschernd über stufige Steinterrassen Richtung Norden fließt. Dahinter hüllen sich schneebedeckte Berge in undurchsichtige Wolkenschleier. Mein Handy-Radio hat noch genau einen einzigen Radiosender gefunden und spielt leise Musik, unterbrochen vom typischen Guten-Morgen-Gute-Laune-Geplapper des Moderators. Hier drinnen ist es gemütlich warm. Wenn ich daran denke, morgens in meinem Zelt zu frühstücken, ziehe ich unwillkürlich die Schultern hoch und verziehe das Gesicht. Eigentlich möchte ich in solchen unwirtlichen Gegenden gar nicht mehr campen. Vielleicht ist das schon ein Tribut an mein fortschreitendes Alter oder einfach nur Bequemlichkeit. Ist mir aber wurscht, ich beschließe, den Rest der Reise nur noch in Hütten zu übernachten, die sind nicht sehr viel teurer, aber um Längen gemütlicher, als ein Zelt.

Beim Bepacken des Motorrades kommt mir angesichts der Menge meines Gepäcks der Gedanke, dass doch all unser Sicherheitsdenken auch im normalen Leben zum großen Teil letztlich doch nur unnötiger Ballast ist. Aus Angst vor Unwägbarkeiten schleppen wir, um auf alle Eventualitäten vorbereitet zu sein, viel zu viel mit uns herum. Und letzten Endes schlägt das Leben dann doch meist eine andere, eine unerwartete Richtung ein und unsere ganze Vorsorge war vergebliche Liebesmüh. So wie beispielsweise die beiden Gaskartuschen in meinem Gepäck, die ich nun vollkommen sinnlos mit mir herumschleppe. Man kann sich eben nicht perfekt auf das Unerwartete vorbereiten, meist muss man das Leben schlicht und einfach so hinnehmen, wie es kommt, man könnte wahrscheinlich insgesamt viel unbeschwerter und frei von unnötigem Ballast leben. Und viel spannender wäre das auch.

Im kalten Regen starte ich auf der E6 nordwärts, das Wetter hat sich leider nicht gebessert. An diesem Sonntagmorgen bin ich der Einzige auf der sonst viel befahrenen Straße. Es wird sicher noch ein paar Minuten dauern, bis sich bei dieser Witterung so etwas wie Behaglichkeit beim Fahren einstellt.

Recht schnell erreiche ich das erste Zwischenziel des Tages, den Laksforsen oder auch Laksfossen genannt. Ein großes Hinweisschild weist auf diesen nahe gelegenen Wasserfall hin. Auf dem großen Parkplatz steht niemand, der Souvenirladen ist geschlossen.

Die ganze Umgebung ist erfüllt von dem ohrenbetäubenden Getöse, mit dem der Laksforsen über die ganze Breite des Flusses gewaltige Wassermassen kaskadenförmig siebzehn Meter in die Tiefe donnern lässt. Er strahlt eine ungeheure Macht und Unbeherrschbarkeit aus, dass man fast glaubt, diese Gewalt in der Magengegend spüren zu können, sehr beeindruckend! Über dem Spektakel hat sich in der Gischt ein Regenbogen gebildet. Vom leicht erhöht liegenden Parkplatz aus kann man eine Wanderung hinunter zum Fluss unternehmen und dort den Lachsen dabei zuschauen, wie sie sich den unglaublichen Wassermassen entgegenwerfen und den Wasserfall überwinden, um flussaufwärts zu ihren Laichgründen zu gelangen.

Dann fahre ich weiter durch den Regen, ich freue mich schon sehr darauf, heute noch den Polarkreis zu überqueren.

Ein riesiges, torähnliches Transparent, das die Straße überspannt, verkündet den Reisenden, dass hier offiziell Nord-Norwegen beginnt, ein Landesteil, den die wenigsten Norweger wirklich zur Kenntnis nehmen, geschweige denn, ihn jemals besuchen. Der Norden ist einfach zu weit weg, die Landschaft zu öde und zu wenige ihrer Landsleute leben so weit oben, um ihr Interesse für diesen einsamen Landstrich wecken zu können.

Die folgende Strecke führt mich immer weiter auf der E6 erst durch Mosjøen, einen Ort, der vom Betrieb seiner Aluminiumwerke lebt, dann durch zahlreiche Tunnel in bergigem Land und schließlich nach Mo i Rana. Die Stadt ist geprägt von Schwerindustrie, was sie wenig ansehnlich macht. Stahl-, Hütten- und Walzwerke sind die wichtigsten Erwerbsquellen der Einwohner. Außer um zu tanken gibt es keinen Grund, sich länger hier aufzuhalten.

Danach wird es wieder interessanter, denn schon kurz darauf erreiche ich die Grønligrotta, eine der bekanntesten Grotten hier in der Gegend und die einzige, die über elektrische Beleuchtung verfügt. Nur im Rahmen einer Führung darf man einen kleinen Teil der 4.000 Meter langen Gänge tief in der Erde erkunden und sich einen unterirdischen Fluss mit Wasserfällen ansehen. Aber auch vor dem verschlossenen zweistöckigen Holzhaus am Eingang zur Grotte bin ich ganz alleine. Was ist denn heute los? Bleiben die Norweger sonntags zu Hause? Überall ist geschlossen. Unverrichteter Dinge fahre ich die zehn Kilometer zurück zur E6.

Nach kurzer Zeit geht es eindeutig wieder auf ein Fjell hinauf, der übliche Kjettingsplass und Windanzeiger sind sichere Indizien dafür. Die Umgebung wird von Minute zu Minute lebensfeindlicher. Stetiger stürmischer Wind und eiskalten Temperaturen lassen nur wenige Pflanzen wachsen und verleihen der einsamen Landschaft ein freudloses Aussehen. Sie versinkt immer mehr im Schnee. Der Regen, der zunächst anfängt, in Form von kleinen Eiskristallen auf dem Visier zu knistern, verwandelt sich schon bald in richtigen Schnee, der waagerecht auf mich zugeflogen kommt und sich in den Falten meiner Klamotten ansammelt. Eine Art kleiner Schneesturm, aber ich bin froh, dass der Wind so stark ist, dass kein Schnee wirklich auf der Straße liegen bleibt, sondern unaufhaltsam darüber hinweggefegt wird.

Die Motortemperatur erreicht nur noch etwa die Hälfte ihrer sonst üblichen Höhe, denn ich fahre sehr gleichmäßig mit wenig Gas und niedrigen Drehzahlen gegen den kalten Sturm, das kühlt den Motor erbarmungslos herunter.

Es ist offensichtlich kein Spaziergang, im Juni ans Nordkap zu gelangen. Hier oben auf dem Saltfjellet, inmitten des Saltfjellet-Svartisen-Nationalpark, was so viel heißt wie Salzberg-Schwarzeis-Nationalpark, herrscht nahezu unberührte Bergwelt. Auf den kalkhaltigen Böden finden sich seltene Pflanzenarten. Einige wenige Tierarten wie Elch, Luchs und Vielfraß fristen ihr Dasein in dieser urtümlichen und wenig einladenden Umgebung. Zahlreiche Wanderwege mit Hütten in Abständen von je einem Tagesmarsch stehen jedem Wanderer offen und bieten Schutz für die Nacht. Bei dieser Witterung möchte ich aber lieber nicht zu Fuß unterwegs sein. Es gibt auch nichts zu sehen, das besonders interessant wäre, denn eigentlich ist es recht öde hier oben auf bis zu 1.700 Metern Höhe.

In der Nähe liegt der etwa 370 Quadratkilometer große Svartisen-Gletscher, dessen Gletscherzungen zum Teil bis ans Ufer des Europäischen Nordmeeres reichen. Man kann sich im Sommer mit Schiffen dort heranfahren lassen und hat vielleicht das Glück, einen kalbenden Gletscher zu beobachten. Eine weitere Möglichkeit, sich den Svartisen anzusehen, ist eine Straße, die von Mo i Rana aus dort hinaufführt. Aber leider hat die globale Erderwärmung inzwischen dazu geführt, dass der Gletscher so weit abgeschmolzen ist, dass in seiner Mitte eine Riesenkluft entstanden ist und es sich nun eigentlich um zwei getrennte Gletschergebiete handelt. Durch die enormen Schmelzwassermengen hatten die anliegenden Gemeinden in den vergangenen

Jahren ernsthafte Probleme. Erst ein Tunnel, der zum Ablaufen der Wassermassen erbaut wurde, schaffte Abhilfe.

Während ich mich durch das ungemütliche Wetter vorankämpfe, sehe ich am Straßenrand vor mir eine BMW 1200 GS stehen und im Schnee, ungefähr hundert Meter weiter, einen Typen, der sich ganz offensichtlich wahnsinnig über den Schnee freut. Denn er steht da inmitten der Landschaft, bückt sich mehrmals und wirft wie ein Kind mit beiden Händen Schnee in die Luft über sich und reckt dann den Kopf in die Höhe, um ihn sich ins Gesicht rieseln zu lassen. Okay, hier brauche ich nicht anzuhalten und zu fragen, ob er Hilfe benötigt. Der Junge hat einfach seinen Spaß. Ich hupe mal fröhlich und er winkt freudig zurück. Dem geht's gut da im Schnee …

Und dann erreiche ich schließlich den Polarkreis. Als ich von der Straße abbiege und auf den Parkplatz rolle, beschleicht mich ein, ich will mal sagen, erhebendes Gefühl. Das erlebt man nicht alle Tage. Und auch das Wetter scheint das toll zu finden, denn es lässt den Himmel vielerorts aufreißen und schickt mir trotz des Schneeregens einzelne Sonnenstrahlen herab. Ab jetzt befinde ich mich in der Arktis. Das bedeutet, dass jetzt im Sommer die Sonne nachts nicht mehr untergeht. Dementsprechend geht hier oben in einigen Wintermonaten die Sonne erst gar nicht auf. Wenn man Glück hat, kann man dann bei Dunkelheit die berühmten Nordlichter beobachten. Auf dem Globus betrachtet, sieht das Gebiet der Polarregion oberhalb des Polarkreises aus wie eine Mönchskappe, die die Erde auf ihrem Haupt trägt.

Auf dem geografischen Punkt, der den arktischen Polarkreis bei 66°33′55" schneidet, also genau auf dem Polarkreis, befindet sich ein flaches Gebäude mit geschwungenem Dach, das sich wunderbar in die umgebende Landschaft einfügt und so gar nicht wie ein Fremdkörper wirkt. Weil sich die Neigung der Erdachse jedoch periodisch leicht verändert, wandert auch der Polarkreis im Laufe der Jahre um wenige Meter hin und her, doch im Großen und Ganzen kann man sagen, dass er genau hier verläuft. Das Haus, das das Polarsirkelenteret, das Polarkreiszentrum, beheimatet, ist im Wesentlichen ein Verkaufsshop für Andenken und Kleidung und Informationszentrum für alles, was mit dem Polarkreis zu tun hat. Man kann sich sogar ein Zertifikat darüber ausstellen lassen, dass man hier den Arctic Circle überschritten hat, wahlweise mit oder ohne Foto, in jedem Fall aber unglaublich teuer. Schade, das hätte mir als Souvenir gefallen, aber vielleicht kann ich das auf dem Rückweg in Juoksenki nachholen, wenn ich in Finnland den Polarkreis in der anderen Richtung passieren werde.

In der unmittelbaren Umgebung des Hauses steht ein denkmalähnlicher Steinblock mit einem eisernen Globus darauf und der Inschrift, dass der Polarkreis 1937 hier verlaufen sei. Auf der anderen Seite befindet sich ein hölzernes Gebilde, das wie auf Flügeln einen Globus trägt und an dessen Fuß die Wappen aller norwegischen Provinzen angebracht sind. Dies ist der aktuell richtige Punkt, an dem der Polarkreis verläuft.

Auf dem angrenzenden Hügel sieht man eine beachtliche Zahl von kleinen Steintürmen, die Besucher errichtet haben, weil es angeblich Glück bringen soll, ein Steintürmchen zu hinterlassen. Manche von ihnen sind bemerkenswert hoch und kunstvoll konstruiert. Gedankenversunken frage ich mich, was wohl mein Zwei-Steine-Turm auf der Halbinsel Applecross in Schottland macht? Aber hier baue ich keinen Turm, es sind ohnehin keine ungenutzten Steine mehr da, ich müsste mir schon welche klauen.

Auf dem Parkplatz sehe ich den Schneefetischisten von vorhin ankommen, er parkt neben der Dicken Bertha und ich gehe mal hin, um zu sehen, was das für ein Kerl ist. Er steigt ab und beginnt sofort mit mir zu quatschen. Er heiße Pete, komme aus Australien und sei schon drei Monate in ganz Europa unterwegs, erzählt er aufgeregt. Und der viele Schnee hier, er ist ganz begeistert davon. Mein Name gefällt ihm auch, »Günter, good old German name, I won't forget it!«. Nun ist er auf dem Weg zum Nordkap, aber schrecklich in Eile, denn er hat noch so viel vor und nur noch so wenig Zeit. Er fährt zwar eine GS, schwärmt aber total von meiner 1150er RT. Sie sei das beste Motorrad, das es gibt (stimmt), besser als die 1200er RT, die er auch schon getestet habe, aber die sich fährt wie ein Japaner und hohe Drehzahlen will, während meine ein viel besseres Drehmoment habe (stimmt nicht). Die 1150er, sagt er, »pulls like a train«. Das stimmt wiederum hundertprozentig, es ist eine wahre Freude. Sie ist zwar nicht gerade spritzig, aber schiebt schon von ganz unten mit viel Kraft heraus und lässt mich nirgends hängen.

Wir gehen zusammen herum, schauen uns alles an und fotografieren uns gegenseitig mit der Kamera des anderen, später fällt mir auf, dass ich kein einziges Foto von ihm habe, sehr schade.

Als wir uns auf dem Parkplatz zur Weiterfahrt fertigmachen, lädt Pete mich zu einem Kaffee ein, aber nicht hier, wo es so furchtbar teuer ist, sondern irgendwo, wenn wir uns auf der weiteren Strecke begegnen, wovon er ganz sicher ausgeht.

Wir düsen los und bei Sonnenschein, aber in Eiseskälte fliegen wir nebeneinander her durch die Tundra. Pete hat es wirklich eilig, er dreht ganz schön auf. Als es wieder bergab vom Fjell hinuntergeht, müssen wir einige Male echt knackig bremsen und ich bemerke, dass meine Bremse lange nicht mehr so giftig beißt, wie ich es gewöhnt bin. Eventuell sind die Bremsbeläge runter, denke ich, allerdings habe ich sie mir vor der Abreise noch mal angesehen und für okay befunden. Da ich noch ein paar tausend Kilometer vor mir habe, sollte ich sie besser schonen, damit ich mir an den Bremsen nichts kaputtfahre, bis ich wieder zu Hause bin. Widerwillig nehme ich Gas raus und lasse Pete ziehen. Ich wollte mir ohnehin jetzt bald eine Unterkunft suchen, denn bis Bodø sind es nur noch schätzungsweise 120 Kilometer und ich habe bis morgen Nachmittag Zeit dafür.

Im Tal wird es wieder wärmer und die Sonne strahlt noch immer. Das Fahren ist wieder sehr angenehm geworden. Ein paar Rentiere am Rande des Weges lassen sich nicht durch den Straßenverkehr stören, leider kann ich genau dort nicht anhalten, um sie zu fotografieren. Der Blick auf die Karte zeigt, dass Norwegen hier sehr schmal und die schwedische Grenze nur etwa 40 Kilometer entfernt ist.

Eine ganze Weile fahre ich entlang eines Flusses im Sonnenschein durch waldreiches Gebiet, bis auf der rechten Seite ein einladend aussehender Campingplatz auftaucht. Nordnes Camp & Bygdesenter heißt er und scheint riesig zu sein. Das Empfangsgebäude besteht aus groben Steinen und rotem Holz, darauf ein, wie es hier üblich ist, bewachsenes, geschwungenes Dach. Ein bisschen sieht das Gebäude aus, als wohnten die Feuersteins darin. Es beherbergt ein großes Restaurant, in dem lokale und internationale Köstlichkeiten serviert werden, einen Shop, ein Touristik-Infocenter und die Rezeption des Campingplatzes. Schon am Eingang kommt mir ein verlockender Duft von warmen Mahlzeiten entgegen, ich glaube, nachher muss ich unbedingt noch mal herkommen und herausfinden, was es hier Leckeres zu essen gibt. Aber erst brauche ich eine Unterkunft und bin angenehm überrascht, als ich mir die Preise für die Hütten ansehe: knapp über 60 Euro. Der freundliche Herr am Empfang erklärt mir schnell, wo ich alles finde und drückt mir einen Plan des Platzes und den Schlüssel zu meiner Hütte in die Hand.

Dann fahre ich langsam auf dem großen Gelände herum und suche sie. Gar nicht so einfach, die Buden sind in einer mir nicht ersichtlichen Ordnung nummeriert und so kann zum Beispiel die Nr. 16 genau neben der Nr. 9 liegen und so weiter. Aber letzten Endes finde ich mein Zuhause schließlich doch noch und bin überwältigt von dem, was ich erblicke: So schön hätte ich es nicht erwartet. Zurückgezogen im Schatten eines hohen Baumes liegt meine beachtlich große, rot gestrichene Holzhütte mit einer breiten Terrasse davor. Die Fenster und das Geländer sind weiß gestrichen, Giebel und Fensterrahmen mit kunstvoll verschnörkelten Brettern verziert. Und wie groß die Hütte ist! Ich kann das Motorrad direkt davor parken und gehe gleich hinein, um wiederum sehr angenehm überrascht zu werden. Die Ausstattung ist perfekt! Sogar einen Kühlschrank, eine Mikrowelle und einen Fernseher habe ich hier. Und kostenloses WLAN, da kann ich heute Abend ein bisschen im Internet surfen. Ein bequemes Sofa und ein Fernsehsessel stehen an dem großen Wohnzimmertisch. An den Wänden hängen Bilder, das Bett sieht sehr gemütlich aus und vor allem: Die Bude ist blitzblank sauber und mieft überhaupt nicht muffig oder alt, ganz im Gegenteil, hier würde ich gerne Urlaub machen. Das ist ja mal ein Glücksfall, und ich habe richtig viel Zeit, das zu genießen, denn heute und morgen habe ich absolut keine Eile, es sind ja nur noch ein paar Kilometer bis zum Hafen von Bodø. Sensationell! Ich lade das Moped ab und setze mich vor meinem prachtvollen Haus in die Sonne, die mich angenehm wärmt.

Dann gehe ich vor zum Restaurant, dort will ich mir heute etwas gönnen und bin gespannt, was alles auf der Karte steht.

Der Gastraum ist fast voll, ich finde einen Platz an einem

Sechsertisch, an dem nur ein Ehepaar etwa meines Alters sitzt. Das Mobiliar ist aus Holz und genau wie das Haus selbst erinnert alles ein bisschen an die Feuersteins. Sehr urig und gemütlich. Auf der Karte finden sich natürlich einige Fischgerichte, vorwiegend Lachs aus den umgebenden Gewässern, aber auch Seefische. Sehr verlockend sehen die Lammkoteletts mit Kartoffeln, brauner Soße und Gemüse auf den Tellern meiner Nachbarn aus. Auch einige Gerichte mit Elchfleisch werden angeboten, bei den meisten anderen Speisen allerdings weiß ich einfach nicht, was es sein könnte. Natürlich habe ich mein Handy nicht dabei. Ich habe extra eine App mit norwegischem Wörterbuch installiert und jetzt, wo ich sie gebrauchen könnte, liegt das Teil in der Hütte. Ich entscheide mich dann sicherheitshalber für Köttbullar mit Kartoffelpüree aus Süßkartoffeln und frischen Preiselbeeren. Das ist zwar eher ein schwedisches Gericht, aber schmeckt ganz köstlich.

Zufrieden mit mir und der Welt spaziere ich zurück zu meiner Villa und wasche dort meine Wäsche. Das schöne Wetter will ich ausnutzen, vielleicht bekomme ich die Sachen sogar bis morgen trocken. Danach schaue ich ein bisschen fern, telefoniere mit dem Basislager und schreibe recht lange auf dem Tablet am Reisetagebuch. Es bleibt die ganze Nacht über sonnig. Komisches Gefühl, aber toll.

Kapitel 9: Auf die Lofoten

15. Juni
Nordnes, Rokland - Ramberg (Lofoten)
N 68°05'33.5" / E 013°14'05.4"
164 km
unwetterartiger Regen

Beim Frühstück schaue ich mir im Fernsehen die Wettervorhersage an. Zwar verstehe ich nicht, was gesagt wird, aber die Karte zeigt über Nordnorwegen nur Wolkenwirbel, über denen Regensymbole eingezeichnet sind. Alles klar, Regenanzug, wie immer, obwohl es draußen nicht so schlecht aussieht. In Küstenregionen kann man sich nie auf das Wetter verlassen, es kann sich verdammt schnell ins krasse Gegenteil verwandeln.

Ein bisschen schiebe ich die Abfahrt vor mir her, auf eine erneute Regenfahrt bin ich jetzt nicht so versessen. Im Internet versuche ich noch ein Mal, die Tabelle mit den Abfahrtszeiten der Fähren in Bodø zu verstehen, aber leider vergeblich, ich blicke einfach nicht durch. Ziemlich sicher geht eine um 16 Uhr nach Moskenes auf den Lofoten, aber die anderen Zeiten und Routen, aussichtslos. Es könnte um 11 Uhr noch eine nach Moskenes fahren. Ich peile mal die Fähre um vier heute Nachmittag an.

Dann beginne ich lustlos zu packen. Meine gewaschenen Klamotten sind über Nacht komplett trocken geworden, prima. Der nun draußen einsetzende Regen ist gewissermaßen mein Abfahrtssignal. Nur noch die Textmarkerweste drüberziehen und los geht's! Diesen Campingplatz merke ich mir. Falls ich jemals wieder hier in diese Gegend komme, steht er auf meiner

Liste der Übernachtungsmöglichkeiten auf jeden Fall ganz oben.

Kurz vor Rognan zweige ich von der E6 auf die winzige Nebenstraße Rv812 ab. Die schmale, fast einspurige Straße führt durch felsiges Waldgebiet in vollkommener Einsamkeit über etwa 70 Kilometer bis zurück an das nördliche Ende der Rv17, die ich erst gestern verlassen habe. Ich bin hier ganz alleine unterwegs. Die 812 mäandert durch die Wildnis, schlägt Haken und Kehren und ändert ihre Richtung ständig. Entlang unzähliger Gewässer, bergauf und bergab. Viele Tiere, vor allem Rentiere und Füchse, seltener Elche, sind zu sehen. Eigentlich eine klasse Strecke, nur wechselt das Wetter andauernd zwischen unausstehlichem Landregen und unwetterartigen Wolkenbrüchen hin und her. Ich traue mich gar nicht, den Fotoapparat herauszuholen. Immer wenn es etwas zu sehen gibt und das Wetter es halbwegs zulässt, mache ich ohne abzusteigen blitzschnell ein Foto und packe Kamera oder Handy eilig wieder weg. Der wahre Jakob ist das echt nicht.

Wegen der Tiere, meiner Bremsbeläge und natürlich wegen des Regens fahre ich nur ganz gemächlich durch die Gegend. Der Motor kommt wieder kaum auf Temperatur. »Was ist los, Bertha? Keinen Dampf mehr im Kessel? Kommt schon wieder!« Auf Strecken wie dieser kann man leicht den Blick in den Rückspiegel vergessen, weil da eh nichts los ist. Als mich plötzlich ein Auto ziemlich sportlich überholt, zucke ich wie elektrisiert zusammen.

Ziemlich bald, nachdem ich am Ende der 812 wieder auf die Rv17 gekommen bin, fahre ich über die beachtlich große, nach oben geschwungene Betonbrücke über den »Saltstraumen«, den stärksten Gezeitenstrom der Welt. Auf der anderen Seite der Brücke biege ich ab auf einen Parkplatz und will mir das einmal genauer anschauen. Alle sechs Stunden, mit dem Einsetzen von Ebbe oder Flut, zwängen sich hunderte Millionen Kubikmeter Wasser durch die nur 150 Meter breite Engstelle zwischen dem Saltenfjord, der von der Meeresseite herkommt und dem Skjerstadfjord auf der Landseite. Dabei entstehen gewaltige Strudel, das muss ein beeindruckendes Schauspiel sein. Jetzt ist gerade nichts davon zu sehen, die Wasseroberfläche unter der Brücke sieht ganz friedlich aus. Bei den Touristinformationen kann man sich Gezeitentafeln besorgen, die einem sagen, zu welchen Zeiten das Naturschauspiel zu bewundern ist. Mehr als ein flüchtiges Foto lässt der Regen dummerweise nicht zu, aber es war ja ohnehin nichts Aufsehenerregendes zu beobachten. Auf dem Parkplatz wirbt ein Schild für Meeresrafting und Adlersafaris. Diese Gegend ist bekannt für ihren hohen Bestand an Seeadlern, ich glaube, unterwegs habe ich auch einen in der Luft gesehen.

Nun ist Bodø nur noch ungefähr 30 Kilometer entfernt und ich verlasse die Küstenstraße 17. Sie endet hier und ich lasse mich von der Schnellstraße Rv80 nach Bodø hineinleiten. Auf ihr herrscht richtig viel Verkehr und mir fällt an den entgegenkommenden LKW immer öfter das gewaltige Elchgitter auf. Aus massivem Stahl ist an ihrer Vorderseite bis zum Fenster hoch ein Gitter angebracht, das die Laster beim Zusammenprall mit einem Elch oder anderen großen Tieren schützt.

Die Straße ist dreispurig, wobei die mittlere Spur abwechselnd von beiden Fahrtrichtungen benutzt werden darf. Es regnet Bindfäden und die Fahrt durch die felsige Gegend ist anstrengend, man muss hundertprozentig bei der Sache bleiben. Die Nässe scheint die Bremswirkung mehr zu beeinflussen, als es mir vorher aufgefallen ist. Der Stand der Bremsflüssigkeit im Schauglas am Lenker ist aber in Ordnung.

Dann geht es vierspurig nach Bodø hinein und schon bald lotst mich das Navi über Seitenstraßen bis direkt vor den Eingang des »Norsk Luftfartsmuseums«, das mitten in einem Industriegebiet der Stadt liegt.

Was ich von Bodø bisher sehen konnte, hat mein Herz nicht gerade höher schlagen lassen. Die Stadt wirkt nüchtern und zweckmäßig, aber nicht wirklich schön. Während der Planung habe ich auch nur das Flugzeugmuseum als interessantes Ziel herausgefunden.

Das Norwegische Luftfahrtmuseum ist ein recht großes Gebäude in Form eines Propellerblattes, in dessen Mitte, quasi als Propellernabe, ein gläserner runder Turm und darauf wiederum der Ausguck eines Flughafentowers thront. Am Rande des fast leeren Parkplatzes stehen ein Hubschrauber und auf einer hohen Stütze ein Kampfflugzeug aus dem Zweiten Weltkrieg.

Für 120 Kronen, umgerechnet etwa 15 Euro, komme ich hinein. Im Museum ist eine Hälfte der Räumlichkeiten der militärischen, die andere der zivilen Luftfahrt gewidmet. Mich beeindruckt die Ju 52, die berühmte Tante Ju, in der seltenen Ausführung als Wasserflugzeug. Beim Starfighter F-104 denke ich wehmütig an meine Zeit bei der Luftwaffe zurück. Damals rissen wir unbedarften Jungspunde noch unsere Witze über den »Witwenmacher«, ohne uns der tatsächlichen Tragweite bewusst gewesen zu sein, wie viele Menschen dieser so schön anzusehende Jet unglücklich gemacht hat. Obwohl mir zu vielen Teilen der Ausstellung und zu wichtigen norwegischen Kriegsereignissen das historische Hintergrundwissen fehlt, ist das Museum sehr interessant und ich kann mich besonders an den gut aufgearbeiteten Maschinen gar nicht satt sehen.

Den unverständlichen Fahrplan der Fährgesellschaft im Hinterkopf, mache ich mich wieder auf den Weg und rolle kurz darauf im Regen als erstes Fahrzeug am Hafen in die Wartespur der Fähre nach Moskenes auf den Lofoten. Und? Scheiß Fahrplan – es sieht nicht so aus, als ob in absehbarer Zeit ein Schiff käme, um Passagiere aufzunehmen. Gähnende Leere herrscht am Terminal und im Wartesaal. Ich flüchte vor der Nässe in den ungeheizten Raum. Der Ticketschalter ist geschlossen, ebenso der Kiosk, der sonst kleine Snacks anbietet, wie die Preistafel verrät. Für 100 Gramm Hamburger werden hier 98 Kronen, umgerechnet zwölf Euro, aufgerufen. Norwegen ist dank seiner Ölvorkommen eines der reichsten Länder der Welt und das spiegelt sich leider in den Preisen wider: Billig ist hier nichts.

Endlich entdecke ich einen Fahrplan, der leichter zu verstehen ist, als der im Internet, und finde heraus, dass bereits um 10 Uhr das Vormittagsschiff abgefahren ist. Mist, das hätte ich theoretisch noch schaffen können. Na ja, egal, ist jetzt so, dass ich bis 16 Uhr warten muss. In Bodø herumzufahren ohne ein genaues Ziel zu haben, macht bei diesem Wetter sicher keinen Spaß. Hier herumzuhängen allerdings auch nicht. Ich setze den Helm auf, laufe draußen vor dem Terminal umher und schaue mir alles Mögliche an. Von hier aus werden Seeadler-Safaris nach Saltstraumen angeboten und auch eine Anlegestelle der Hurtigruten befindet sich hier. Die »schnelle Route«, ist die traditionelle norwegische Postschifflinie, die die Orte der über 2.700 Kilometer langen Westküste Norwegens miteinander verbindet. Heutzutage sind die Schiffe kombinierte Fracht- und Kreuzfahrtschiffe, die innerhalb von sechseinhalb Tagen die Küste von Bergen im Süden bis Kirkenes im hohen Norden an der russischen Grenze abfahren. Im Sommer steuern sie auch den Trollfjord und den Geirangerfjord an. Vor allem in den Wintermonaten waren die Schiffe der Hurtigruten früher und sind zum Teil noch heute für viele Orte im Norden die einzige Verbindung mit der Außenwelt. Inzwischen liegt der Schwerpunkt ihrer Aufgaben allerdings im Bereich des Tourismus. Das zeigt sich auch in der Ausstattung der Schiffe: Während früher Mehrbettkabinen ohne eigene Nasszelle und ein einfacher Speisesaal der Stand der Dinge war, bieten die Schiffe heute weitaus komfortablere Räumlichkeiten an. Geräumige Kabinen mit Dusche und WC, Bordrestaurant und Cafés, Panoramasalons, Whirlpools und Bars sowie das Angebot von organisierten Landausflügen oder Unterhaltungsveranstaltungen an Bord sollen Reisende ködern.

Vor dem Terminal steht ein Denkmal, das an den Untergang der »Ragnhild« im Jahre 1940 erinnert. Die Schiffsglocke des Hurtigrutenschiffes, das auf eine Mine gelaufen war, liegt zu ihrem Gedenken vor einer steinernen Stele.

Ein paar Autos und Wohnmobile sind inzwischen angekommen und stehen hinter der RT, aber niemand steigt aus. Es schüttet wie aus Eimern. Ich setze mich in den ebenso langweiligen wie kalten Wartesaal. Auch hier sind zwischenzeitlich ein paar Personen eingetroffen. Da sind zwei Französinnen mittleren Alters, die den Aufnähern auf ihren übergroßen Rucksäcken zufolge auf einer Weltreise sein könnten. Ihre zweckmäßige Kleidung und unaufgeregtes, reiseerfahrenes Auftreten sprechen dafür, dass sie schon lange zu Fuß unterwegs sind. In ihrer Nähe sitzt ein junger Typ mit schwer aussehendem, sackförmigem Rucksack, der erschöpft an seinem Butterbrot kaut und dem der Rest der Welt egal zu sein scheint. Nachdem er das Brot verspeist hat, sitzt er mit geschlossenen Augen da. Ein älteres Ehepaar scheint wohl einen Tagesausflug zu machen. In sommerlichen Klamotten und einem kümmerlichen Rucksack irren sie ein wenig orientierungslos herum und versuchen herauszufinden, ob sie hier richtig sind. Sie scheinen sich nicht sicher zu sein, ob der Ausflug eine gute Idee war.

Dann erscheint ein junger Mann in leuchtend gelber Schutzkleidung und öffnet kurz den Ticketschalter. Einige Leute stürzen sich mit ihren Fragen auf ihn und ich kann vieles mithören, weil es auf Englisch gesprochen wird. Ich erfahre, dass ich hier richtig bin, dass es auf den Lofoten stark regnet und die See überaus unruhig ist.

Nach und nach füllen sich auf dem Vorplatz die Wartespuren. Lange Autoschlangen bilden sich und schon bald stehen bei meiner Bertha eine Harley und zwei Honda Gold Wing. Die Fahrer bleiben bei ihren Mopeds, der strömende Regen hat sich zu einem ganz normalem Schlechtwetterregen abgeschwächt. Ich geselle mich zu den Bikes und sofort entwickeln sich Gespräche unter Bikern. Der Harley-Fahrer hat eine Gepäckrolle drauf und fährt mit Halbschalenhelm, was zur Folge hat, dass sein Vollbart, der oben in gezwirbelten Enden kunstvoll in die Höhe ragt, nun klatschnass ist. Er ähnelt ein bisschen dem ehrwürdigen Kaiser Wilhelm und scheint ein überaus freundlicher Typ zu sein, der gerne lacht. Mit den Gold Wings sind zwei französische Ehepaare, etwas älter als ich, angekommen. Sie sind auf Urlaubsreise. Ihre Mopeds sind nagelneu und mit allem technischen Schnickschnack versehen, den Honda anbietet. Die Männer stehen zusammen und unterhalten sich, ihre Frauen bleiben auf den Mopeds sitzen und quatschen per Intercom miteinander, das in ihren Helmen installiert ist. An allen vier Helmen der Franzosen sieht man Mikrofone, die am Ende eines kurzen Bügels montiert sind. Da wird während der Fahrt ordentlich Funkverkehr herrschen, wenn die Mädels miteinander und mit ihren Männern reden können! Leider spricht nur einer von ihnen ein paar notdürftige Brocken englisch, deshalb bleibt unser Gespräch mehr oder weniger im Versuchsstadium stecken.

Der Ticketverkäufer geht nun herum und kassiert die Fahrpreise, die Biker weist er an, sich weiter vorne aufzustellen, weil wir als Erste drankommen und an die Innenseiten der Schiffswände fahren müssen. Alle sollen ab jetzt bei ihren Fahrzeugen bleiben. Ich setze den Helm wieder auf, mache es mir auf dem Motorrad bequem und schaue durch die Tropfen auf dem Visier in den Regen.

Dann kommt ein Schiff der Hurtigruten in den Hafen und legt direkt vor uns an. Es handelt sich um die »Nordkapp«, ein wirklich schönes Schiff. Mit ihrem schlanken, messerscharfen Bug sieht sie sehr schnittig aus und die neue Lackierung in weiß, rot und schwarz ist echt schick. In Windeseile werden mehrere Klappen am Rumpf geöffnet und Stege an Land gelegt, über die einerseits Fracht be- und entladen wird und andererseits massenweise Touristen an Land entlassen werden. Plötzlich steht auch ein Bus bereit, um die Passagiere in die Stadt und später wieder zurück zum Schiff zu befördern. Das könnte mir auch gefallen, mit dem Schiff die ganze West- und Nordküste entlangzutingeln. Das werde ich meiner Frau mal vorschlagen.

Schon eine Stunde später sind alle Leute zurück, das Horn des Schiffes ertönt und die »Nordkapp« legt wieder ab. So etwas wäre genau nach meinem Geschmack.

Wir Biker sitzen unterdessen noch immer in der Kälte. Ich fühle mich wie ein Fisch an Land, als ich gelangweilt auf dem Motorrad hocke. Doch schließlich erscheint nach drei Stunden unsere Fähre im Hafenbecken. Na endlich! Sie hat auf eine gewisse Art eine unheimliche Ausstrahlung, denn es sind nur ganz wenige Fenster, dafür aber viele große Flächen zu sehen. Ähnlich diesen kantigen Tarnkappenschiffen, denke ich, immerhin ist sie ganz zivil in Weiß, Blau und Schwarz lackiert.

Wahnsinnig viele Autos verlassen die Fähre, ich hätte nicht gedacht, dass darauf so viel Platz ist. Dann kommt der Einpeitscher des Schiffes und kommandiert uns auf die Fähre. Mit spitzem Finger zeigt er auf die Motorräder, gibt Anweisung, loszufahren und macht rotierende Handbewegungen begleitet von einem ungeduldigen »Go, go, go!«. Ganz vorne im Laderaum dirigiert mich ein Matrose an die rechte Bordwand, die anderen Mopeds nach links. Zu mir kommen auch alle Fahrräder. Sehe ich vielleicht wie ein Radfahrer aus? Der Matrose weist mich zentimetergenau ein und ordnet an, dass ich das Motorrad nun sichern solle. An den Wänden hängen Gurte. Aber Bertha steht so, wie er mich eingewiesen hat, etwas ungünstig, nämlich genau auf den im Boden eingelassenen Ösen, an denen die Gurte eingehängt werden können. Also schiebe ich sie vom Ständer und stelle sie ein bisschen anders hin. Sofort kommt der Typ angeschossen und wedelt mit den Armen, dass das Motorrad so stehen muss, wie er es angeordnet hat. Ich zeige auf die Ösen im Boden, er erzählt mir unzufrieden irgendwas auf Norwegisch und macht sich daran, andere Leute anzumosern. Bertha bleibt so stehen, wie ich sie hingestellt habe, basta! Ich ziehe einen Ratschengurt über den Sitz, lege meine Handschuhe zum Schutz unter und spanne den Gurt, bis sich die Maschine nicht mehr bewegen lässt. Ich nehme die Kamera aus dem Tankrucksack, den Rest lasse ich hier.

Da steht der Harley-Fahrer neben mir und fragt, ob wir einen Kaffee trinken gehen. Super Idee, das machen wir! Er kennt sich hier aus, ist schon oft mit dieser Fähre gefahren und bringt uns zielgerichtet zur Kantine, bevor die anderen Fahrgäste sie überhaupt entdeckt haben und sich in einer langen Schlange anstellen. Mit dem duftenden Kaffee in der Hand suchen wir uns weiter vorne zwei der wenigen Fensterplätze und lümmeln uns in die bequemen Sessel, in denen wir die nächsten vier Stunden während der Überfahrt verbringen werden.

Wir sind uns von Anfang an sympathisch und kommen gut

ins Gespräch. Ich erfahre, dass der 60-jährige Petter auf dem Weg zum Geburtstag seiner Tochter ist, die auf einer Insel nördlich der Lofoten lebt. Er wird von Andenes, dem nördlichsten Punkt der Lofoten, mit einer anderen Fähre weiterfahren und frühestens morgen Abend bei ihr eintreffen. Er freut sich riesig darauf, sie und seinen kleinen Enkel zu sehen. Auf dem Handy zeigt er mir einige Bilder von seinen Lieben. Er selbst fährt schon seit 40 Jahren Harley, hatte erst vor kurzem einen Herzinfarkt und muss deshalb die Dinge ein bisschen geruhsamer angehen. Auf dem letzten Fjell vor dem Nordkap soll ich auf Schnee gefasst sein, rät er mir. Er selbst sei ein Mal von einem Schneesturm überrascht worden und habe dann fünfzig Kilometer im ersten Gang mit beiden Füßen auf dem Boden zurücklegen müssen. Auf meine Frage, ob es oft zu Unfällen mit Elchen komme und ob die Tiere wirklich so gerne in Tunneln stehen, wie ich gehört habe, meint er, das sei zwar schon mal vorgekommen, aber weitaus häufiger seien Unfälle mit Schafen. Wenn die Sonne scheint und es ihnen zu warm wird, legen sie sich gerne in den kühleren Tunneleingängen zum Schlafen hin. Wenn man dann auf den ersten Metern vom Sonnenschein blind ins Dunkel des Tunnels eintaucht, rauscht man ungebremst in die Tiere hinein. Auf Elche und Rentiere muss man eher auf freier Strecke gefasst sein. Klingt logisch, das heißt also, generell auf Tiere eingestellt sein und an Tunneleingängen ganz besonders aufpassen!

Mir sind auf meiner Tour bisher in Norwegen einige deutsche, holländische, japanische und französische Urlauber aufgefallen, aber bei uns in Deutschland sieht man so gut wie nie Norweger. Wohin fahren die denn in Urlaub? Petter meint, die Norweger fahren nicht sonderlich gerne woanders hin. Das sei alles so umständlich und vor allem müsse man immer durch das ungeliebte Schweden und das mögen seine Landsleute nicht so sehr. Aber er würde eines Tages gerne mal die Route 66 in Amerika fahren und in Kalifornien Urlaub machen.

Nach einiger Zeit ist der Kaffee alle und die wohlige Wärme an Bord macht uns müde. Deshalb besorge ich uns noch einmal Nachschub. In der Warteschlange am Bordrestaurant stehen die beiden Franzosen, ihre Frauen sitzen ein gutes Stück entfernt in den Sesseln im Mittelgang, man hört ihr angeregtes Gespräch und Gekicher bis hierher. Ob man so eine Gegensprechanlage am Moped auch mal ausschalten kann? Die beiden Jungs sind nicht gerade hoch gewachsen. Sie tragen Klamotten, die genau so neu sind wie die Gold Wings und genauso teuer aussehen. Einer ist eher der rundliche Typ und bemüht sich, englisch zu sprechen, der andere ist klein, schlank, hat gefärbte schwarze Haare und goldene Ohrringe, er macht wahnsinnig auf cool und erinnert mich an Napoleon, wie er so umherstolziert. Leider spricht er nur französisch. Wir geben dennoch unser Bestes, um uns zu unterhalten, und ich erfahre, dass die beiden Paare auch ans Nordkap wollen. Sie haben ihre Hütten schon im Voraus gebucht. Außer ihrer heutigen Unterkunft, da müssen sie nach der Ankunft ein bisschen herumfahren und sich etwas suchen. Geht mir auch so, ich bin mir ebenfalls noch nicht sicher, wo ich die Nacht verbringen werde. Notfalls, wenn es gar nicht anders geht, suche ich mir einfach irgendwo ein schönes Plätzchen. Außerdem scheint das Wetter geringfügig aufzuklaren, auch wenn das Meer noch ziemlich unruhig ist und einen zwingt, jeden Schritt konzentriert vor den anderen zu setzen und immer zu schauen, wo man sich bei Bedarf festhalten kann. Bei so manchem Schlenker denke ich an die Dicke Bertha im Laderaum, die von einem einzigen Gurt gehalten wird.

Petter erzählt, dass der Winter wegen der langen Dunkelheit die Zeit der Depressionen sei. In den nördlichen Gebieten steigt dann die Zahl der Selbstmorde dramatisch an. Viele Leute ertragen die ewige Dunkelheit einfach nicht. Die Sommermonate hingegen zermürben viele Leute, die dann kaum schlafen und bis zur völligen Erschöpfung arbeiten. Ich glaube, er hat ein bisschen den Blues, denn nun beklagt er auch die Erderwärmung. Früher konnte er wegen des Schnees vier Monate im Jahr nicht Motorrad fahren, heute nur noch zwei. Das sei alles nicht gut für die Natur.

Langsam kommen die Lofoten in Sicht. Der Name bedeutet »Luchsfuß« und rührt von der Form der Inselgruppe her. Monumental erheben sich dunkelgraue, fast schwarze, senkrechte Bergwände aus der aufgewühlten See. Darüber hängen dunkle Wolken ganz niedrig und berühren die Gipfel der Bergmassive. Ein Regen setzt ein, der so stark wird, dass er die Sicht auf die Anlegestelle unmöglich macht. Unglaubliche Wassermassen kommen runter. Und zu allem Elend bleibt das auch beim Anlegen so.

Wir gehen hinunter zu den Fahrzeugen, Petter hält mir sein Handy hin und bittet mich, meine E-Mail-Adresse hineinzuschreiben. Da sieht uns der bordeigene Sklaventreiber und treibt uns an, die Motorräder startklar zu machen. »Go, go, go!« Ich tippe schnell meine Adresse in Petters Handy und sage, ich würde mich sehr auf Post von ihm freuen und ganz sicher antworten. Wir müssen jetzt zu unseren Mopeds.

Dann mache ich schnell die Dicke frei, die die Überfahrt gut überstanden hat. Die Motorräder werden als Erstes von Bord gejagt. Petter und ich verabschieden uns hupend voneinander. Er muss sich jetzt beeilen, die Fähre in Andenes zu erwischen. Dazu wird er die halbe Nacht unterwegs sein. Die Franzosen habe ich schon bei der Abfahrt vom Schiff aus den Augen verloren.

Mein nächstes Ziel ist der südlichste Ort der Lofoten und

gleichzeitig der mit dem kürzesten Namen, den ich kenne. Ich fahre nach »Å«. Die hundert Einwohner des Ortes Å, der übrigens zum größten Teil einer gewissen Familie Larsen gehört, leben vom Tourismus, den es fast ausschließlich in den Sommermonaten hierher verschlägt. Das Fischereidorfmuseum und ein Stockfischmuseum sorgen in dieser Zeit für ihr Einkommen. Ich möchte dorthin, um das Ortsschild zu fotografieren, weil ich den Namen so cool finde. Es ist nun schon recht spät und abgesehen davon, dass ich gar nicht weiß, ob die Museen überhaupt noch geöffnet haben, möchte ich mich um eine Unterkunft kümmern. Deshalb nehme ich mir nichts mehr vor, sondern will nur schnell das Bild machen.

Ein wolkenbruchartiger Regen, wie ich ihn noch nie erlebt habe, hämmert jeden Fahrspaß nieder. Wasser läuft innen und außen am Visier herunter, meine Schuhe sind vollkommen durchnässt, was auch noch nie der Fall war, denn die Dinger sind eigentlich wasserdicht. Die Autos vor mir fahren Schrittgeschwindigkeit mit den Scheibenwischern auf schnellster Stufe.

Dann erreiche ich Å und fahre rechts ran. Die Kamera auszupacken ist mir zu gefährlich, es ist unmöglich, ein Bild zu machen, ohne dass sie vollkommen nass wird. Deshalb ziehe ich den Helm aus, halte ihn mir vor die Jacke und nehme mein Handy aus der Innentasche, um es sofort im Helm vor dem Regen zu schützen. Dann mache ich mit dem Handy aus dem Helm heraus schnell mein begehrtes Bild von diesem außergewöhnlich kleinen Ortsschild. Schließlich wende ich und fahre relativ ziellos auf der einzigen Straße in Richtung Nordosten, darauf wartend, dass ein Schild »Camping« oder »Cabins« meine Unterwasserfahrt beendet.

Unterwegs komme ich an vielen Trockengestellen für Stockfische vorbei, die alle voll mit Fischen hängen und einen intensiven Fischgeruch verströmen. Vielleicht komme ich morgen dazu, diese Köstlichkeit irgendwo zu verkosten, heute möchte ich nur noch eine trockene Bude finden.

An zwei Schildern komme ich vorbei, die Hütten anbieten, rote kleine Zusatzschilder zeigen jedoch an, dass sie schon vergeben sind und es sich nicht lohnt, nachzufragen.

In Ramberg indessen scheint noch etwas frei zu sein. Vor einem relativ großen Lokal parke ich und gehe zur Rezeption, um nach einer Hütte zu fragen. Die junge, schick gekleidete Dame erklärt bedauernd, dass bereits alle Hütten vermietet sind. Während sie das sagt, schaut sie aus dem Fenster und fügt an, dass sie doch noch einmal nachfrage, ob sich denn nichts machen ließe bei diesem Wetter. Sekunden später kommt sie lächelnd aus einem vornehmen Speisesaal zurück und freut sich, mir die letzte, nur ausnahmsweise verfügbare Hütte geben zu können. Mir schwant Schlimmes – sie wird mir doch nicht die mieseste Bruchbude des Platzes unterjubeln? Erleichtert höre ich sie sagen, es handle sich um eine der teuren Luxushütten für zwei Personen, die sie mir aber günstig geben könne, weil daran noch Bauarbeiten im Gange seien. Ob 125 Euro günstig sind, ist Ansichtssache. Egal: bei diesem Weltuntergangswetter hätte ich ohnehin jeden Preis akzeptiert.

Nachdem alles erledigt ist, gehe ich wieder zu meinem Motorrad. Aus dem Restaurant kommt mir eine Dame nachgelaufen, die offenbar die Chefin ist und es sehr bedauert, dass sie mir keine andere Unterkunft anbieten kann. Ich verstehe nicht ganz, wo das Problem liegt, und sage, dass alles in Ordnung sei und ich mich sehr freue, bei diesem Wetter nicht weitersuchen zu müssen. Als kleine Wiedergutmachung für mein Ungemach lädt mich die Chefin morgen früh zu einem Frühstück meiner Wahl ein. Ich solle einfach ins Lokal kommen und sagen, dass sie mich eingeladen habe. Der Hammer! Was ist los, dass sie sich bei mir entschuldigt? Immerhin habe ich eine Unterkunft zum Sonderpreis bekommen. Aber klasse, so ein richtiges Frühstück lasse ich mir nicht entgehen. »Thank you very much, that's very kind of you.« Sie hält mit beiden Händen ihren Kragen oben zu und läuft mit hochgezogenen Schultern zurück ins Haus. In den wenigen Sekunden wird ihre weiße Bluse vollkommen durchnässt.

Gerade als ich zu meiner Hütte fahren will, kommen die Franzosen auf den Platz gerollt und fragen mich, ob ich eine Hütte bekommen habe. Wahrheitsgemäß sage ich ja, aber es sei die letzte gewesen. Es folgen französische Flüche und die beiden Maschinen entfernen sich wieder. »Ich drück euch die Daumen«, rufe ich ihnen nach. Erst als sie meinem Blick entschwunden sind, fällt mir ein, was es bedeutet, dass ich eine Bude habe. Mannomann, die hätten wir uns doch teilen können! Sorry Leute, ich habe zu langsam reagiert.

Um zu meinem Häuschen zu gelangen, muss ich nur um das große Haupthaus herumfahren und ein kurzes Stück geschotterten Weges bis zur Hütte nehmen. Dort angekommen bremse ich die RT ab und mache den Motor aus. Vorne aus der Verkleidung, zwischen Lenker und Cockpit, steigt eine Menge Dampf oder Rauch auf. Merkwürdig, das hatte ich noch nie. Ich schaue nach, kann aber nichts entdecken, woran es gelegen haben könnte. Wahrscheinlich hat sich durch den extremen Regen irgendwo etwas Wasser angesammelt und das ist nun auf den Auspuffkrümmer gelaufen und verdampft.

Mit dem über die Schulter geworfenen Packsack betrete ich meine Hütte über die Terrassentür. Wow, schon auf den ersten Blick bin ich begeistert. Eine Wohnzimmergarnitur aus echtem Leder lädt dazu ein, sich gemütlich hinzuhauen und den Tag Revue passieren zu lassen. Ein Fernsehgerät ist natürlich vorhanden, ebenso ein geräumiges Bad mit moderner Dusche. Sogar ein Kinderzimmer habe ich, es liegt gleich neben dem Schlafzimmer, in dem ein frisch bezogenes Ehebett steht. Heute bleibt der Schlafsack eingepackt, das ist ja unfassbar luxuriös. Und der Blick aus meinem Wohnzimmerfenster macht mich vollends sprachlos: Direkt vor meinen Augen liegt in einer weiten Bucht ein Strand aus feinem, fast weißem Sand, wie er in der Karibik nicht schöner sein könnte, nur wärmer natürlich. Mein Blick reicht von den Weiten des eiskalten Nordmeeres bis zu einer kleinen Siedlung aus wenigen bunten Häusern vor einer Kulisse aus hohen schwarzen Bergen, die zum Teil schneebedeckte Spitzen tragen. Darüber schweben ganz dunkle Wolken, die ihren schweren Ballast in Form von Regen abwerfen. Bei schönem Wetter muss es hier paradiesisch sein, aber auch jetzt bin ich ganz angetan von der überwältigenden Szenerie.

Etwas unterhalb meiner Terrasse in Richtung Strand sehe ich sogar zwei oder drei Zelte, die ersten übrigens auf dieser Tour. Aber ehrlich, ich bin jetzt lieber in der Luxusbude. Von Kälte und Nässe hatte ich heute schon genug. Ich nehme eine heiße Dusche, koche mir etwas, lümmele mich nach dem Essen in den bequemen Sessel und schaue mir ein Länderspiel der deutschen Damenfußball-Nationalmannschaft an, das unsere Mädels natürlich gewinnen, großartig.

Inzwischen ist es fast Mitternacht geworden und immer noch taghell. Der Regen hat aufgehört und vereinzelte Sonnenstrahlen durchdringen Lücken in der dunklen Wolkendecke. Da schnappe ich mir die Kamera und gehe zum Strand. Zum ersten Mal wird mir bewusst, dass die Sonne tatsächlich im Norden steht, wo sie doch nach der Eselsbrücke aus der Grundschule gar nicht sein dürfte. »Im Osten geht die Sonne auf, Süden ist ihr Mittagslauf, im Westen will sie untergeh'n, im Norden ist sie nie zu seh'n.« Doch! Hier kann man sozusagen hinter den Horizont spitzeln und sehen, wo die Sonne nachts ist. Es ist kein bisschen dunkel, jetzt kurz vor Mitternacht. Die Sonne steht noch ein ganzes Stück über dem Horizont. Eine junge Belgierin beginnt damit, ihr Zelt abzubauen. Sie gibt sich keine Mühe, sondern stopft das nasse Teil schlecht gelaunt in den Kofferraum ihres Wagens. Als ich bei ihr vorbeikomme, schimpft sie auf Englisch und macht ihrer Unzufriedenheit Luft. Den ganzen Tag habe sie bei diesem beschissenen Wetter im Zelt bleiben müssen, sie habe nun die Schnauze voll und werde die Nacht im Auto verbringen.

In der Hütte mache ich mir noch einen Tee und denke über den Tag nach. Was mir an Petter besonders aufgefallen ist, sind seine große Ruhe und Gelassenheit. Das habe ich schon mehrmals bei Leuten bemerkt, die einen Herzinfarkt hinter sich hatten. Wahrscheinlich ist es dann lebenswichtig, zur Ruhe zu kommen. Aber warum nicht bereits vor einem Infarkt schon mal ein bisschen langsamer machen, als ständig nach dem Maximum zu streben?

Kapitel 10: Bremsprobleme

16. Juni
Ramberg - Setermoen
N 68°52'36.4" / E 018°21'41.9"
432 km
Dauerregen

Der morgendliche Blick aus dem Fenster entlockt mir mal wieder einen leisen Fluch. Auch heute werde ich im Regenanzug fahren. Das überrascht mich nicht, der Wetterbericht im Fernsehen gestern war eindeutig. Aber zunächst bin ich auf mein Frühstück gespannt, das ich im Restaurant zu mir nehmen werde.

Im Gastraum sind wie gestern alle Tische fein gedeckt. Ich bin offenbar der Erste für heute, aber alles ist bereits picobello für die Gäste vorbereitet. Am Frühstücksbuffet erwartet eine junge Dame in feinem Kellnerinnen-Outfit den Besucheransturm und begrüßt mich außerordentlich freundlich. In den Motorradsachen fühle ich mich ein wenig underdressed.

Das Speisenangebot ist beachtlich, sogar edlen Fisch gibt es hier schon am frühen Morgen. Ich bleibe indessen lieber bei den herzhafteren Sachen wie Rühreier mit gebratenem Bacon und frischen Brötchen mit Salami und Käse, dazu einen Eimer Kaffee. Während ich frühstücke, kommen weitere Gäste, die genau wie ich mit einem sympathischen Lächeln begrüßt werden. Im Raum herrscht eine sehr nette Atmosphäre. Ich nehme noch etwas Süßes hinterher und einen Apfel für unterwegs, dann verabschiede ich mich und bekomme noch gute Wünsche mit auf den Weg – sehr liebenswürdige Menschen hier.

Mein Ziel für heute ist Andenes auf den Vesterålen, einer

Inselgruppe ganz im Norden der Lofoten, wo man an einer Wal-Safari teilnehmen kann, die sogar eine hundertprozentige Walgarantie gibt. Vorher steht das Wikinger-Museum in Borg auf dem Programm. Dort herrschte vor mehr als 1.000 Jahren einer der mächtigsten Wikingerhäuptlinge Nordnorwegens. Axtwerfen, Bogenschießen und Rudertouren im Fjord mit einem Wikingerschiff werden dort bei gutem Wetter angeboten. Hoffentlich ändert es sich noch …

In meine Karte habe ich mir vorsorglich ein paar Möglichkeiten eingetragen, wo ich die Nacht verbringen könnte. Außerdem habe ich auf dem Handy eine App, die offenbar alle ACSI-Campingplätze Skandinaviens kennt. Für nur drei oder vier Euro Kaufpreis ist sie eine sinnvolle Anschaffung, zumindest gibt sie mir das sichere Gefühl, dass ich auf jeden Fall etwas finden werde, wo ich schlafen kann. Ab jetzt sind mein Zeitplan und die Tagesziele generell ziemlich offen.

Voll beladen und im wasserdichten Anzug setze ich die Fahrt auf der E10, der einzigen durchgehenden Straße auf dem westlichen Teil der Lofoten, weiter fort. Ich bin mir ziemlich sicher, in der flachen Bucht einen Adler gesehen zu haben, der sich einen Fisch aus dem Meer gegriffen und sich dann irgendwohin verkrümelt hat, wo er ihn sicher verspeisen kann.

Selbst bei diesem Wetter sind die Landschaften wunderschön anzuschauen. Immer wieder traumhafte Strände oder herrliche Wiesen, senkrechte Felsmassive, deren Spitzen von Wolken eingehüllt sind, die kurvige Straße, die sich durch die hügeligen Gefilde hindurchwindet und über virtuos geschwungene Brücken von Insel zu Insel hüpft. Dazwischen passiert man immer wieder Trockengestelle für den bekannten Stockfisch, der zumindest heute den Lofoten eine unverwechselbare Duftnote verleiht. Vor allem Kabeljau und Schellfisch werden, von Kopf und Eingeweiden befreit, paarweise an den Schwanzflossen zusammengebunden und in der Seeluft getrocknet, um sie haltbar zu machen. Schiffsbesatzungen und Soldaten nutzten früher den so konservierten Fisch zu ihrer Verpflegung. Um ihn wieder zuzubereiten, wird er für etwa fünf Tage in kaltes Wasser gelegt, dann nimmt er wieder an Volumen zu und kann weiterverarbeitet werden. Trocken schmeckt er sehr salzig und ein wenig gammelig, wie ich bei einem kurzen Halt an einem der Gestelle feststelle.

Beim Weiterfahren beginnen im Cockpit die allgemeine Warnleuchte und die Warnleuchte für ABS beziehungsweise Integralbremse abwechselnd zu blinken. Was hat das denn zu bedeuten? Irgendwas muss mit der Bremse nicht in Ordnung sein. Ich hatte ja bereits das Gefühl, dass sie sich ein bisschen schwammig anfühlt, aber in dem Starkregen kann man nie ganz genau ausprobieren, ob Bremse und ABS wirklich okay sind. Ich erinnere mich, dass bei der RT die normale Rückleuchte die Funktion der Bremsleuchte übernimmt, wenn deren Birne durchgebrannt ist. Sie brennt dann nur mit halber Helligkeit, leuchtet jedoch nur beim Bremsen ganz auf. Der Fehler wird im Cockpit angezeigt. Womöglich ist das der Grund für das hektische Blinken der Kontrollleuchten. Oder es ist Wasser in die Elektronik gekommen. An der nächsten Tankstelle werde ich sicherheitshalber die Birne austauschen.

In Leknes tanke ich ein paar Liter, was noch gar nicht nötig gewesen wäre, und beginne seitlich neben dem Kassenhaus damit, den Sitz abzuräumen, damit ich an das darunter verstaute Werkzeug und die Ersatzbirnen komme. Das Wechseln der Lampe dauert nicht lange. Obwohl ich die alte Birne noch für intakt halte, wechsele ich sie und säubere bei der Gelegenheit gleich die Kontakte – eine mögliche Ursache der Fehlermeldung.

Leider zeigt der anschließende Test, dass die Bremsleuchte funktioniert, aber die Kontrolllampen noch immer blinken. Ich lese in der Bedienungsanleitung nach und erfahre, dass das Blinken mit der Frequenz von einem Hertz einen schwerwiegenden Fehler im Bremssystem signalisiert, der einen sofortigen Besuch der Fachwerkstatt erforderlich macht. Yeah! Nichts leichter als das, so etwas habe ich leider schon befürchtet. Ich frage an der Kasse, wo die nächste Motorrad- oder BMW-Werkstatt sei, bekomme aber nur ein Achselzucken zur Antwort. Die Bremse funktioniert grundsätzlich ja noch, deshalb mache ich mich wieder auf den Weg und versuche, möglichst vorausschauend zu fahren und die Bremse zu schonen. Ganz wohl ist mir allerdings nicht. Immer wieder sehe ich leichten Qualm aus der Verkleidung aufsteigen. Wenn ich nur wüsste, was genau an der Bremse kaputt ist?

Plötzlich, ich komme gerade durch eine uneinsehbare Kurve, steht einer der Franzosen am Straßenrand und winkt mir zu, dass ich anhalten soll. Ich greife voll in die Bremse und ziehe den Hebel, bis er am Griff anschlägt. Die Bremswirkung ist nur noch mäßig. Als ich zum Stehen komme, umhüllt mich stinkender Qualm, der von unten am Lenker hochkommt. Verdammt, jetzt ist die Bremse wohl ganz am Ende!

Der Franzose hat mich angehalten, weil er wissen will, wo sein Kollege ist. Die beiden haben sich irgendwo aus den Augen verloren, aber ich habe ihn nicht gesehen. Dann bitte ich ihn, einmal an der RT zu bremsen, während ich auf dem Bauch liegend unten in die Verkleidung schaue. Und da erkenne ich, wie ein dünner Strahl Bremsflüssigkeit aus der Leitung genau auf den Auspuffkrümmer schießt und dort stinkend verdampft. Eine Bremsleitung ist undicht geworden!

Wir hören ein Motorrad kommen, es ist die zweite französische Gold Wing. Die Frauen freuen sich, dass sie nun wieder in Reichweite ihrer Funkgeräte sind und beginnen sofort zu quasseln. Wir Männer schauen mehr oder weniger ratlos in die Verkleidung der Dicken Bertha. Dann beschließen die beiden, dass ich wohl besser die »Assistance« rufe und fahren weiter. Selbst ihrem »Good luck« zum Abschied hört man den französischen Akzent an.

Was bleibt mir anderes übrig, als in die nächste Werkstatt zu fahren? Also schleiche ich vorsichtig weiter, immer den Blick weit voraus und im Rückspiegel. Ich halte überall, wo es so aussieht, als sei dort eine Werkstatt, aber nirgends kann mir jemand helfen.

Unterwegs überholt mich eine GS aus Bingen am Rhein. Der Fahrer grüßt mit ausgestrecktem rechtem Bein. Sein Moped ist schwer beladen, er fährt mit Campingausrüstung, wie man unschwer erkennen kann. Ob er sie wohl nutzt?

Schon nach wenigen Minuten sehe ich ihn wieder, er steht am Straßenrand und ist mal für kleine Jungs. Ich halte an, vielleicht hat er einen Tipp, wie ich die Bremse wieder hinbekomme. Sein Name ist Hubert, er ist unterwegs zum Nordkap. Und wie ich ist er nach zwei Nächten im Zelt dazu übergegangen, die überall angebotenen Hütten zu nutzen. Wir beratschlagen, was man wegen meiner Bremse tun könnte, aber die Lösung heißt entweder BMW-Werkstatt oder Abbruch der Tour. Wir probieren ein bisschen herum und stellen dabei fest, dass ich hinten gar keine und vorne nur noch minimale Bremswirkung habe. Das Angenehme bei der RT ist die Integralbremse mit ABS. Das heißt, egal, ob ich mit Hand- oder Fußhebel bremse, die Zentraleinheit der Bremse berechnet die beste Bremswirkung für jedes Rad und bremst immer vorne und hinten gleichzeitig mit optimaler Kraft. Genau das wird mir jetzt zum Verhängnis:

Weil vorne inzwischen kaum noch Bremsflüssigkeit drin und die Bremswirkung deshalb minimal ist, denkt der Rechner, dass er hinten noch weniger bremsen muss. Fluch und Segen der Technik. Wenn man das System wenigstens abschalten könnte! Hubert fragt, wie er mir jetzt helfen kann, aber ich weiß aus dem Gespräch mit ihm, dass er es ziemlich eilig hat, deshalb will ich ihn nicht weiter aufhalten. Ich kann mir auch nicht wirklich vorstellen, wie er mir helfen kann und sage ihm, er solle ruhig weiterfahren. Hubert findet es schade, dass wir nicht zusammen weiterfahren können. Wir haben uns auf Anhieb gut verstanden und gemocht, wir wären gut miteinander ausgekommen. Lieber Hubert, falls du dies jemals liest, sei herzlich gegrüßt und melde dich doch mal, wenn du möchtest.

An einer der nächsten Tankstellen, bei der ich nach einer Werkstatt frage, schickt mich die Kassiererin ins nahe gelegene Dorf in »den Shop«. Ich frage, welchen Shop sie meint, aber sie nickt nur und wiederholt, »in den Shop«. Okay, werde ich schon finden.

Der »Shop« im Dorf ist ein Schneemobil-Handel mit zugehöriger Werkstatt, ich schöpfe Hoffnung, dass man dort etwas improvisieren kann. Im Büro des Ladens sitzen zwei Mann lässig in bequemen Drehsesseln mit den Füßen auf dem Tisch und trinken Kaffee. Sie wissen schon Bescheid, dass ich komme. Die Tankstellen-Dame hat bereits angerufen.

Einer der beiden, den ich für den Boss halte, hört sich an, was ich zu sagen habe und geht mit mir nach draußen, um sich die Sache anzusehen. Prima, so nah war ich der Lösung meines Problems noch nicht, das könnte was werden. Er lässt sich die undichte Stelle zeigen und zieht dann unentwegt am Bremshebel, um die Lage zu beurteilen. Guter Mann – ich muss sparsam mit der restlichen Bremsflüssigkeit umgehen!

Schließlich wendet er sich mir zu und schüttelt mit dem Kopf. Er kann nichts machen. Aber er ist nett und empfiehlt mir eine Yamaha-Werkstatt in Harstad am anderen Ende der Lofoten. Er sieht mich ratlos an, weil ich die Stadt nicht kenne und bietet an, die Adresse in mein Navi zu tippen. Gerne.

Ungefähr neunzig Kilometer sind es bis zur Werkstatt, das ist im strömenden Regen und fast ohne Bremswirkung kein Vergnügen. Glücklicherweise ist kaum jemand unterwegs, ich bin fast immer allein auf der Strecke, mehr oder weniger im Schneckentempo.

Unterwegs komme ich am Wikingermuseum vorbei. Es wäre so schade, einfach weiterzudüsen, denn ich habe mich ehrlich darauf gefreut. Und so fahre ich doch auf den Parkplatz, der schon voller Busse steht, und beschließe, wenigstens kurz durch die Ausstellung zu gehen. Dann die Ernüchterung: Oben am Eingang halten in diesem Moment zwei weitere Busse und lassen Unmengen von Senioren aussteigen, die an der Kasse sofort eine undurchdringliche Menschentraube bilden. Das glaube ich jetzt nicht! Reicht denn dieser Bremsärger alleine nicht? Meine Nerven liegen blank. Es muss ein nächstes Mal geben. Vielleicht in ein paar Jahren mit meiner Frau, heute jedenfalls nicht.

Weiter geht's nach Harstad. Endlich rolle ich in Harstads Industriegebiet vor den Yamaha-Laden. Geschafft!

Drinnen hat man mich schon gesehen und als ich den Verkaufsraum betrete, kommt ein junger schnöseliger Typ und fragt, was ich möchte. Nachdem ich ihm mein Anliegen erklärt habe, meint er monoton, es handele sich um eine BMW und das sei nicht seine Marke. »Ich weiß«, antworte ich, um Beherrschung bemüht, »es muss auch nicht perfekt sein, nur so, dass ich vorerst weiterfahren kann.« Nein, die Mechaniker hätten gerade etwas anderes zu tun, redet sich der Schnösel heraus.

Ich sehe sie in der leeren Werkstatt Karten spielen. »No, it's not our brand.« Nicht unsere Marke. Ob sie vielleicht irgendwas Provisorisches mit Schlauchklemmen machen könnten? »Not our brand.« Danke schön! Möge dich der Blitz beim … treffen, fluche ich und bin kurz vor dem Platzen.

Nun stehe ich wieder da, wo ich angefangen habe. Ich fürchte, ich werde mich langsam auf den Weg zum nächsten Hafen machen, wo die Hurtigruten anlegt, und muss dort sehen, wie ich mit der havarierten Maschine nach Bergen oder Oslo komme, dort wird es sicher eine BMW-Vertretung geben. Der Blick auf die Karte ist wenig ermunternd. Bestimmt muss ich nach Tromsø zum Hafen, bis dorthin ist es noch verdammt weit und es ist überhaupt nicht sicher, ob ich das Motorrad einfach so auf dem Schiff mitnehmen kann. Teuer wird es auf jeden Fall, das ist schon mal klar. Vielleicht nehme ich doch lieber die Hilfe des ADAC in Anspruch?

Ich setze Kurs nach Osten, um auf der E10 von den Lofoten runter und wieder auf die E6 zu kommen. Dann werde ich vorsichtig nach Tromsø fahren. Das ist die nächste erreichbare große Stadt. Dort wird es entweder Hilfe für die Dicke Bertha geben oder für uns beide per Schiff zurück nach Süden gehen.

In Biervik lasse ich die Lofoten hinter mir, leider ohne viel von ihnen gesehen zu haben und komme wieder auf die E6, die ein kurzes Stück als vierspurige Schnellstraße ausgebaut ist. Das ist nicht schlecht, da muss man nicht so oft bremsen und kommt dennoch gut voran. Aber ich muss tanken und so rolle ich auf dem nächsten Rastplatz langsam auf die Tankstelle zu. Hinter mir hupt einer, weil ich so lahmarschig unterwegs bin.

An der Kasse frage ich fast schon reflexartig, ob in der Nähe eine BMW-Werkstatt sei, weil ich Bremsflüssigkeit verliere. Und endlich, völlig unerwartet, nimmt einer mein Problem ernst. Der junge Mann hinter dem Tresen ruft seine Kollegin, lässt sie die Kasse übernehmen und geht mit mir zu einem PC, wo er sofort mit der Suche beginnt. Der Junge ist auf Zack, ich bin ihm sehr dankbar für seine Hilfsbereitschaft. Er nimmt einen Zettel und schreibt mir Adresse, Telefonnummer und E-Mail-Adresse der nächstgelegenen Werkstatt meiner Marke auf. Sie liegt zwar in Tromsø, aber da wollte ich sowieso hin. Die Hoffnung steigt, dass diese Episode nicht der Endpunkt meiner Tour sein wird. Ich versuche, dort anzurufen, aber es geht keiner ans Telefon. Es ist nach fünf, sicher haben die dort schon Feierabend. Dann schicke ich eine E-Mail, in der ich so gut ich kann beschreibe, was das Problem ist und um welche Maschine es sich handelt. Mit der Bitte um rasche Antwort, ob sie mir helfen können.

Bis Tromsø sind es noch über 200 Kilometer, die schaffe ich heute nicht mehr und so mache ich mich auf die Suche nach einer Bleibe für die Nacht. Nur etwa zwanzig Kilometer später, in Setermoen, liegt auf der rechten Straßenseite eine recht große Blockhaussiedlung. Dort bekomme ich problemlos eine kleine Hütte für 50 Euro. Sie ist zwar spartanisch ausgestattet, passend zum Verlauf des heutigen Tages, aber egal, morgen werde ich früh aufbrechen, um am besten schon vor der Werkstatt zu stehen, wenn sie öffnet. Dann haben die Jungs noch nichts angefangen, was sie für mich unterbrechen müssten.

Ich haue mich auf's Bett mit der rosafarbenen Mädchen-Tagesdecke und schaue nach, ob ich eine E-Mail bekommen habe, was leider nicht der Fall ist. Nachdem ich ein bisschen ausgeruhter bin und genug gegrübelt habe, gehe ich duschen. Im Duschraum erkenne ich, dass man Duschmarken braucht, wenn man warmes Wasser haben möchte. Die gibt es an der bereits geschlossenen Rezeption. Blitzartig bin ich mit kaltem Wasser frisch geduscht und möchte dann nur noch schlafen, ich bin echt geschafft.

Noch in Klamotten sitze ich in der Bude, schreibe schnell die heutigen Erlebnisse stichwortartig auf und habe danach vor, ins Bett zu gehen.

Plötzlich ein donnerndes Getöse, ich schrecke auf. Wildes Hämmern an der Tür, so dass sie fast aus den Angeln bricht und fordernde Rufe: »Police! Open the door! Police!« »Oh, ihr Arschgeigen habt mir gerade noch gefehlt.« Die vermeintlichen Polizisten haben einen schrecklichen französischen Akzent drauf. Ich öffne die Tür und vor meinem Haus stehen alle vier Franzosen, die sich vor Lachen kaum noch halten können. Sie haben die RT gesehen und statten mir einen Besuch ab. Wir sprechen so gut es geht über meine Versuche, eine neue Bremsleitung zu bekommen, dann schlagen sie vor, dass wir in den Ort zum Essen gehen. Ich stimme zu und wir laufen ziemlich lange im Nieselregen durch das Dorf, nur um enttäuscht festzustellen, dass es keine Möglichkeit gibt, irgendwo einzukehren. Na, das passt ja perfekt zu diesem Tag.

In der Helligkeit der Mitternachtssonne liege ich noch lange wach und male mir aus, wie die Tour wohl weitergehen wird. Trotz der Gefahr, dass ich mein Ziel womöglich nicht erreichen werde, gefällt es mir irgendwie doch, dass die Fahrt nicht reibungslos verläuft, sondern ihre Tribute fordert und ganzen Einsatz verlangt. Auf eine bestimmte Art sind solche Probleme das Salz in der Reisesuppe …

Kapitel 11: Ungebremst nach Tromsø

17. Juni
Setermoen - Langfjordbotn
N 68°52′36.4" / E 018°21′41.9"
606 km
erst Starkregen, dann nur bewölkt

Um fünf Uhr morgens drücke ich auf den Anlasserknopf. Wie üblich regnet es Bindfäden und mit nur fünf Grad ist es recht frisch. Ich will es wagen, die etwa hundertsechzig Kilometer nach Tromsø fast ohne Bremse zurückzulegen. Aber die Alternative kann nur sein, die Tour hier zu beenden und die RT abholen zu lassen. In Tromsø besteht immerhin die Chance, dass die BMW-Werkstatt mein Problem lösen kann. Geantwortet haben sie mir noch nicht, da arbeitet in aller Herrgottsfrühe garantiert noch keiner. Pete, der Australier, hatte erzählt, dass er wegen eines Ölverlustes am Kardan seiner GS in Trondheim bei BMW war und dort innerhalb einer halben Stunde eine Dichtung gewechselt und neues Kardan-Öl eingefüllt wurde.

Die E6 hat so ausgeprägte Spurrillen, dass man kaum wieder aus ihnen herauskommt. Und im Regen sind sie noch unangenehmer als sonst. Es ist kaum jemand unterwegs und so stört meine übervorsichtige Fahrweise niemanden. Ich kämpfe mich in starkem Regen voran und behalte ganz besonders den Straßenrand im Auge, denn es sind eine Menge Rentiere und Füchse unterwegs.

Dann zweige ich von der E6 ab und folge der E8 in Richtung Tromsø. An den gelegentlichen Bergaufpassagen fließt mir das viele Regenwasser breitflächig auf der Straße entgegen, es herrscht regelrechte Weltuntergangsstimmung. Und die Strecke zieht sich endlos dahin. Unter anderen Umständen wäre es sicher ganz schön, hier entlangzufahren, es geht über weite Strecken an Gewässern entlang, in der Ferne sieht man schneebedeckte Gipfel. Aber so wie jetzt, praktisch unter Wasser mit einem waidwunden Motorrad, da braucht man schon etwas Idealismus, um das noch okay zu finden.

Vor Tromsø, der größten Stadt in Nord-Norwegen, geht es über eine recht lange Strecke permanent leicht bergab und ich bremse, indem ich in einen kleineren Gang runterschalte. Dann schließlich liegt die beeindruckende Stadt direkt vor mir. Nach den vielen einsamen Kilometern dieser Tour, während derer ich mich eigentlich sehr wohl gefühlt habe, verspüre ich nun trotzdem zum ersten Mal eine gewisse Erleichterung, als ich die riesige Stadt erblicke. Hier wird sich heute mein weiteres Schicksal entscheiden.

Schon bald nachdem ich in der Stadt angekommen bin, sehe ich die schneeweiße Eismeerkathedrale zu meiner rechten Seite. Sie ist das Wahrzeichen der Stadt und war von Anfang an als eines meiner interessantesten Zwischenziele geplant.

Aber jetzt ist es wichtiger, schnell die Werkstatt zu finden. Das Navi führt mich zielsicher durch ein Industriegebiet und schließlich bis auf den Hof der »Tromsø Motors AS«. Oh Mann, wie bin ich froh, hier zu sein und wie glücklich, dass neben dem Harley-Davidson-Schild das BMW-Logo prangt. In den Schaufenstern und neben dem Haus stehen zig Schneemobile, Harleys und BMWs, ich denke, jetzt wird alles gut.

Es ist kurz vor acht. Im Inneren des Geschäftes ist es angenehm warm, es riecht nach neuen Motorrädern, Lederklamotten und Kaffee. Ich bin im Paradies angekommen!

An einem Schreibtisch sitzt ein junger Mann über einigen

Papieren und fragt mich freundlich auf Englisch, was er für mich tun könne. Er hört sich meinen Vortrag an, nickt hin und wieder und meint dann, die »mechanics« seien noch nicht da und er könne mir nichts versprechen, da sie ziemlich viel zu tun hätten. Immerhin ist der Typ höflich. Er bietet mir an, mich in die lederne Couchgarnitur zu setzen und derweil einen Kaffee zu trinken, bis die Jungs anfangen zu arbeiten. Spitze, das brauche ich jetzt.

Bereits ein paar Minuten später kommt der erste der Mechaniker und scheint mit dem Mann am Schreibtisch zu besprechen, was heute zu erledigen ist. An der Gestik des Gespräches erkenne ich, dass sie auch über mein Problem reden, aber es scheint nicht so einfach zu sein, sie reden viel hin und her und scheinen sich nicht einig zu werden. Dann kommt der Monteur zu mir und fragt, was das Problem genau sei und wie lange ich Zeit habe. Nachdem ich es ihm erklärt habe, sagt er, dass sie sehr viel zu tun hätten und auch dringende Sachen dabei seien. Ich antworte, dass ich nicht weiß, wo ich heute Nacht schlafen soll und jetzt auch leider nicht mehr mobil bin, denn die Bremswirkung ist mittlerweile nicht mehr der Rede wert. Notfalls könnte ich mein Zelt neben ihrem Laden aufschlagen. Er versteht meine Not und spricht wieder mit dem Boss. Dann fragt er, ob meine RT einen Bremskraftverstärker habe. Ich bejahe die Frage und füge hinzu, dass dieser lauter summt als üblich. Er verzieht das Gesicht und erklärt, dass dann die gesamte Verkleidung und der Tank abgebaut werden müssen, weil sich die Zentraleinheit der Bremsanlage unter dem Tank befindet und er unbedingt da ran muss. Drei Stunden Arbeitszeit schätzt er.

Dann geht der Mechaniker hinter den Schreibtisch zu seinem Chef. Die beiden reden aufgeregt miteinander und zeigen mit den Fingern auf eine Tabelle, so als würden sie den Arbeitstag neu planen und versuchen, alle »Patienten« irgendwie unterzubringen.

Schließlich kommt der Boss zu mir und sagt: »You come first …« Boahh! Ich bedanke mich überschwänglich, doch dann schränkt er ein: »… if we have the parts.« Das darf doch nicht wahr sein! Hoffentlich haben sie die Teile, das kostet mich echt Nerven. Wir gehen zur RT und er schaut sich die defekte Leitung an. Er meint, ich solle besser keinen Meter mehr damit fahren. Dann verschwindet er im Lager und sucht nach einer Leitung mit der gleichen Nummer, die er gerade am betreffenden Teil der Dicken abgeschrieben hat.

Nach endlosen Minuten kommt er zurück und hat das Ersatzteil in der Hand: »We have it, I'm surprised, too.«

Zwischenzeitlich habe ich das Gepäck abgeladen und so braucht er sich nur noch draufzusetzen und in die Werkstatthalle zu fahren. Ganze drei Mann stürzen sich sofort auf Bertha und in Nullkommanichts steht sie völlig entblößt vor ihnen.

Der Boss des Ladens führt mich zur Sitzecke, wo ich die Wartezeit verbringen kann, und ermuntert mich, einfach zur Kaffeemaschine zu gehen und mir so viel Kaffee zu zapfen, wie ich möchte. Die Jungs hier sind klasse! Da ist es wieder, dieses Gefühl, als Motorradfahrer Teil einer großen Familie zu sein.

In dem bequemen ledernen Sessel sitze ich halb schlafend, halb das Treiben im Laden beobachtend. Jedes Mal, wenn einer der Mechaniker vorbeikommt, wird mir unaufgefordert Bericht erstattet, wie weit sie inzwischen mit den Arbeiten sind.

Über mir hängen an der Wand mehrere Rahmen mit allerlei Auszeichnungen und Patches der Harley Owners Group, deren Direktor der Inhaber des Ladens zu sein scheint. Diese Werkstatt ist schwerpunktmäßig eher Harley-Country als BMW-Land. Über allem thront der breite Aufnäher »Arctic Chapter

Norway World Northernmost«, also der nördlichste Harley-Stützpunkt der Welt und sicher auch mindestens die nördlichste BMW-Vertretung Europas.

Schließlich, nach knapp drei Stunden und geschätzten zwei Litern Kaffee, kommt mein Hauptansprechpartner aus der Werkstatt und überreicht mir den Schlüssel. Alles wieder in Ordnung, sie haben das Motorrad sogar geputzt, weil Bremsflüssigkeit nicht gut für den Lack ist. Zum Bezahlen soll ich bitte an die Kasse gehen, gute Weiterreise. Jungs, ihr seid klasse! Ich lasse ein ordentliches Trinkgeld springen, denn sie haben sich wirklich große Mühe gegeben, mir schnellstmöglich zu helfen. Hoffentlich verletze ich nicht gerade irgendwelche Etikette, denn er schaut so erstaunt und ungläubig drein, als hätte er noch nie von dem Brauch des Trinkgeldgebens gehört. Er bedankt sich etwas unsicher und verschwindet wieder in der Werkstatt.

Angesichts des norwegischen Preisniveaus bin ich auf alles gefasst, als ich mich auf den Weg zur Kasse mache. Was würde man bei uns wohl bezahlen? Kurz vor dem Nordkap kann ich bestimmt mit dem Doppelten rechnen. Egal, alles ist billiger, als die RT mit dem Schiff nach Hause zu bringen. Ein Blick auf die Rechnung: 364,85 Euro, damit kann ich leben.

Die RT steht schon vor der Werkstatt, ich schaue noch mal ganz kurz rein und bedanke mich per Handschlag bei den Monteuren. Ich verspreche den Jungs, dass ich sie in meinem Buch lobend erwähnen werde, aber sie lachen nur ungläubig, diese Kulturbanausen.

Mein Weg führt nun ohne Umwege zur Eismeerkathedrale, jener bekannten Kirche in Tromsø, die durch ihre ungewöhnliche Form zu weltweiter Berühmtheit gelangte. Noch nie habe ich es so wie heute genossen, zügig an rote Ampeln heranzufahren und herzhaft davor zu bremsen. Es dauert nicht lange, dann parke ich etwas unterhalb der Kirche, die auf einem Hügel in der Nähe des Stadtzentrums steht, und gehe mit der Kamera hinauf. Die Eismeerkathedrale, deren offizieller Name »Tromsdalen Kirke« lautet, die aber »Ishavskatedralen« genannt wird, wurde 1965 als Pfarr- und Seemannskirche gebaut und avancierte zum Wahrzeichen der Stadt. Ihre bis zum Boden reichenden weißen Dachschrägen aus aluminiumverkleidetem Beton symbolisieren senkrecht aneinandergestapelte Eisschollen. Eine der dreieckigen Stirnseiten wird von einem riesigen bemalten Fenster ausgefüllt, das die Wiederkehr Jesu darstellt, die andere Seite besteht aus schlichtem, farblosem Glas. Ein gigantisches weißes Kreuz steht davor, das oben die beiden Glocken verdeckt. Die Kirche ist wirklich beeindruckend. Ihr Inneres soll das Polarlicht, Eis und die lange Dunkelheit wiedergeben, wirkt aber dennoch überraschend hell. Es herrscht andächtige Stille, meine Schritte in den Motorradstiefeln hallen durch die Weite des Kirchenschiffes. Inmitten der Kirche bleibe ich stehen und bestaune das gewaltige Glasgemälde. Schweigend bedanke ich mich dafür, dass ich meine Tour fortsetzen kann.

Die ungefähr siebzig Kilometer Rückweg zur E6 gehen viel schneller und vor allem ungleich angenehmer vorüber, als der Hinweg, denn ich kann mich nun auf die Bremse verlassen und normale Geschwindigkeiten fahren. Außerdem nieselt es nur noch leicht und die Straße steht nicht mehr flächendeckend unter Wasser wie heute Morgen.

An vielen lohnenswerten Motiven fahre ich auch heute ohne anzuhalten vorbei. Das ist zwar schade, aber ich habe nicht immer Lust, in der nassen Kälte die Handschuhe auszuziehen, um dann doch nur ein weiteres Regenbild zu machen.

Auf einer bewaldeten Anhöhe entdecke ich am Straßenrand eine kleine Ansiedlung von fahrenden samischen Händlern, die neben ihren Wohnwagen feste Hütten errichtet haben, um den vorbeikommenden Touristen ihre Produkte feilzubieten. Dort halte ich an und schaue, was sie zu verkaufen haben. In samischer Tracht steht ein älteres Ehepaar vor der Verkaufshütte. Sie schauen griesgrämig in die Gegend. Offenbar hängt heute der Haussegen schief, sie werfen sich kurze, nicht gerade freundlich betonte Sätze an den Kopf.

Ihr Angebot erstreckt sich auf samische Andenken wie kleine Puppen in typischer Tracht, Gegenstände aus Rentierhorn und hauptsächlich Rentierfelle und -geweihe, auch eindrucksvolle Elchgeweihe mit den großen schaufelartigen Enden. Leider kann ich nichts davon mitnehmen, die Preise sind mir außerdem viel zu hoch – ein kleines Taschenmesser kostet 40 Euro.

Dann erreiche ich schon nach kurzer Zeit den Abzweig, wo ich auf der E6 die Fahrtrichtung »Kirkenes« wähle, das am äußersten Ende Norwegens an der russischen Grenze liegt. So weit werde ich zwar nicht fahren, aber das ist ab jetzt meine maßgebliche Fahrtrichtung.

Mehr und mehr wandelt sich die E6 zur richtigen Straße, hat nicht mehr diese unangenehmen Spurrillen und Schlaglöcher wie auf den meisten Streckenabschnitten bisher. Man kommt gut voran, wenn man die Wohnmobile, die hier zuhauf unterwegs sind, zügig überholen kann.

In einer Siedlung von ein paar wenigen Häusern halte ich an, um in einem kleinen Supermarkt meinen Proviant aufzufüllen. Wie gerne würde ich mir heute Abend ein dickes Steak in die Pfanne hauen, aber leider ist das einzige Fleisch, das angeboten wird, entweder Geflügel oder Fisch. Ich nehme eingelegtes Fleisch mit, von dem ich vermute, dass es Huhn ist, und noch einige andere Kleinigkeiten. Als ich an der Kasse stehe, beobachten mich drei ältere Damen, die an einem runden Tisch hinter der Kasse sitzen und Kaffeekränzchen halten. Gänzlich ungeniert reden sie über mich, zeigen auf mich und beratschlagen irgendetwas. Bevor ich den Laden verlassen kann, sprechen sie mich auf Englisch an und überreden mich, mich zu ihnen zu setzen und eine Tasse Kaffee zu trinken. Was soll's? Draußen ist eh Sauwetter. Die Omis amüsieren sich köstlich über mich, fragen mich zu allem Möglichen aus und geben mir Tipps, was ich mir unbedingt kochen sollte. Heute bin ich ihr bunter Hund, an dem sie Gefallen gefunden haben. Ich wette, dass sie jeden Tag einen Durchreisenden an ihren Tisch bitten und sich mit ihm die Zeit vertreiben. Der Regen lässt glücklicherweise recht bald nach und ich verabschiede mich von den Ladies.

Auf einer langen Geraden glaube ich meinen Augen kaum, aber tatsächlich kommt mir Hubert entgegen. Er erkennt mich offenbar auch schon von Weitem und winkt ausgelassen mit dem linken Arm. Wir grüßen uns überschwänglich, doch keiner von uns geht auch nur einen Millimeter vom Gas, unsere Wege sind leider nicht mehr die gleichen. Dieser verrückte Hund, der hat es ordentlich krachen lassen und kann sich nicht sehr lange am Nordkap aufgehalten haben, wenn er nun schon wieder auf dem Rückweg ist.

Ich bin weiter gefahren, als für heute ursprünglich geplant war. Als ich den vorgesehenen Campingplatz vor einiger Zeit erreichte, war ich zum einen noch nicht sonderlich müde, zum anderen machte mir das Fahren mit meinem intakten Motorrad so großen Spaß, dass ich ohne anzuhalten weiterdüste. Wenn es die Zeit zulässt, hänge ich einfach die nächste Etappe dran.

So fahre ich Stunde um Stunde vor mich hin, komme an gewaltigen Gewässern vorbei, an einer Blockhüttenvermietung, die herrlich an einem Fjord liegt, und immer wieder durch Baustellen, an denen die Straße mehrspurig ausgebaut wird und große Erdarbeiten stattfinden. Einmal läuft ein Fuchs ganz nah vor mir über die Straße. Ich habe ungefähr hundert Sachen drauf und bin echt froh, dass meine Bremse wieder funktioniert.

An einem Waldrand stehen ein paar Schafe direkt an der Straße und ich gehe vom Gas. Merkwürdige Schafe, denke ich, die sehen irgendwie komisch aus. Dann wird mir klar, dass es sich um eine Menge ganz junger Rentiere handelt, etwa acht bis zehn Tiere. Und schließlich erkenne ich, dass der ganze Wald voller erwachsener Rentiere steht. Ich fahre langsam an ihnen vorbei und achte auf jedes einzelne der Jungen, stets darauf gefasst, dass sich plötzlich eines von ihnen dazu entschließt, auf die Straße zu laufen. Gerade bei Jungtieren muss man mit allem rechnen.

Plötzlich steht vor einigen wartenden Autos ein Fahrzeug mit gelben Blinklichtern quer auf der Straße und blockiert die Weiterfahrt. Erst vermute ich, dass es sich wieder um eine dieser Baustellen handelt, wo man mit einem Eskortfahrzeug durchgelotst wird, aber das hier ist etwas anders. Ein Arbeiter in gelbem Warnanzug geht von einem Fahrzeug zum nächsten und informiert die Leute, dass weiter vorne eine Sprengung durchgeführt werden soll und es noch mindestens zwei Stunden dauert, bis die Straße wieder freigegeben wird. Eine Alternativroute gibt es nicht, es dauert jetzt eben so lange. Da brauche ich keinen Moment nachzudenken, das wird zu spät für den nächsten Campingplatz. Ich wende und fahre zurück zu der Hüttenvermietung, die so idyllisch am Fjord liegt. Der Weg dorthin zieht sich in die Länge, obwohl ich das Gefühl habe, gerade erst daran vorbeigekommen zu sein. Nach über siebzig Kilometern bin ich schließlich da. Der Fjord, an dem der Platz so malerisch liegt, ist das äußerste Ende des Altafjordes. Die Blockhütten scheinen auf dem Gelände eines ehemaligen Gutshofes zu liegen. In Hufeisenform sind Gebäude angeordnet, die ich als Wohn- und Gesindehäuser sowie Scheunen und Stallungen einordnen würde. Wege und Plätze sind nicht geteert und entsprechend matschig. Und wieder einmal kommt das Brettchen als Unterlage für den Seitenständer zum Einsatz, das mir der alte Bauer in Marstein gegeben hat. Vielleicht mache ich noch einen langen Bindfaden dran, damit ich es bei der Abfahrt leichter aufheben kann. Auf jeden Fall behält es auch weiterhin seinen festen Platz in meinem Handschuhfach.

An der Rezeption sind der Vermieter und sein Sohn, beide in traditioneller Tracht gekleidet, damit beschäftigt, eine Internetverbindung herzustellen, die kürzlich aus unerfindlichen Gründen zusammengebrochen ist. Deshalb ist nur Barzahlung möglich.

Das Einchecken ist schnell erledigt, ich beziehe meine Hütte, die einen herrlichen Ausblick auf den davor liegenden Fjord bietet. Es herrscht totale Windstille und im Wasser des Altafjordes spiegeln sich die Berge wider.

Die Bude mieft ein bisschen, aber sie ist mit 50 Euro günstig und ich habe wieder ein Dach über dem Kopf. Jetzt brate ich mir die Geflügelsteaks, auf die ich mich den ganzen Tag schon freue. Sie schmecken sehr gut, ich kann aber sagen, dass das ganz sicher keine handelsüblichen Hähnchen sind, sondern irgendein anderes Federvieh.

Weil die Hütte nicht über fließendes Wasser verfügt, gehe ich zum Geschirrspülen in eines der Wirtschaftsgebäude, wo ich eine Gemeinschaftsküche entdecke, in der man kochen, essen und spülen kann. Auf den Bänken sitzt eine Reisegruppe aus dem Ruhrgebiet, die vielen leeren Bierflaschen erklären die ausgelassene Stimmung meiner Landsleute. Während ich spüle, beginnen wir uns zu unterhalten und ich setze mich danach noch ein wenig zu ihnen. Sie kommen vom Nordkap herunter und beklagen sich, dass auf der ganzen Fahrt die Glatteiswarnung ihrer Autos geleuchtet hat. So eine Warnleuchte habe ich nicht, dafür habe ich einen »Popometer«, der signalisiert, wenn der Grip nachlässt.

Kurz vor meinem Holzhaus glaube ich, meinen Augen nicht zu trauen, die Franzosen wieder. Sie wollen wissen, wie es mit meiner Bremse weitergegangen ist und laden mich auf ein Bier in ihre Hütte ein, was ich dankend ablehne. Es ist schon ziemlich spät geworden, ich möchte noch alle Erlebnisse des Tages niederschreiben und außerdem trinke ich keinen Alkohol.

Abends checke ich meine Finanzen. Der Kassensturz offenbart, dass ich durch die Reparatur und die Übernachtungen in Hütten viel mehr Geld ausgegeben habe als geplant. Wenn nichts mehr dazwischenkommt, reichen die Norwegischen Kronen gerade noch für den Eintritt und ein kleines Souvenir am Nordkap. Perfekt! Mehr will ich gar nicht.

Bei einem heißen Tee schaue ich noch recht lange auf den still daliegenden Fjord und denke an meine bisherigen Erlebnisse. Morgen werde ich das Nordkap erreichen, das Ende aller Wege, die nach Norden führen.

Kapitel 12: Nach Magerøya

18. Juni
Langfjordbotn - Nordkap
N 71°05'35.1" / E 025°47'03.7"
336 km
wenig Regen, ganz viel Sonnenschein

Heute fahre ich ans Nordkap! Ich fühle mich wie ein Kind am Weihnachtsmorgen, das sich den ganzen Tag lang auf die Bescherung freut. Zur Feier des Tages regnet es ausnahmsweise einmal nicht, ich glaube, zum ersten Mal, seit ich in Skandinavien bin. Die Berge auf der anderen Seite des Fjordes sind zwar in dichte Wolken gehüllt, aber es handelt sich um keine Regenwolken. Bisher war die tief hängende Wolkendecke mein ständiger Wegbegleiter, so auch heute. Das Moped und die Straßen sind an diesem Morgen vollständig trocken, meine Laune könnte nicht besser sein.

Während des Packens schlürfe ich genüsslich einen heißen Kaffee, dann, gegen sieben Uhr, mache ich mich auf die Socken, um noch heute an eines der Traumziele der meisten Motorradfahrer zu gelangen.

Inzwischen ist es mir zur Gewohnheit geworden, schon beim Start Regenjacke und Warnweste anzuziehen. Das hält den eisigen Fahrtwind davon ab, mir durch den Anzug zu pfeifen. Die einheimischen Motorradfahrer, von denen es allerdings nur wenige zu geben scheint, tragen übrigens alle eine orangefarbene Warnweste.

Nun fahre ich die gleiche Strecke von gestern zum Ort der Sprengung zurück. Außer den Lastwagen, die diesen Landstrich mit allen benötigten Gütern versorgen, ist keiner unterwegs. So große LKW wie hier oben habe ich überhaupt noch nie gesehen. Sie scheinen wesentlich höher zu sein, als diejenigen, die ich kenne, und deutlich länger und schwerer. Hinter dem respekteinflößenden Elchgitter, das sie hier im Norden alle haben, erkennt man die Fahrer im Fenster darüber lediglich als winzige Figuren, die Herrscher über sechsachsige Sattelzüge oder mächtige LKW mit fünfachsigen Anhängern. Das habe ich noch nie gesehen: Anhänger mit zwei Achsen vorne und drei hinten. Gewaltige Teile sind das. Einmal schleppt eine Zugmaschine sogar zwei hinter sich her. Die Fahrer kennen weder Freund noch Feind, sie brettern mit ihren gewaltigen Kisten durch die Landschaft, als gäb's kein Morgen. Wenn es regnet und eine enorme Gischtwolke mit rasender Geschwindigkeit, eine mächtige Luftmasse vor sich herschiebend, auf einen zukommt, dann packt man den Lenker fester an.

Glücklicherweise ist das Wetter heute schön, zwischen den Wolken sind sogar einige blaue Abschnitte zu sehen, das Fahren macht riesigen Spaß. An der Baustelle, an der ich gestern nicht mehr weitergekommen bin, wird jetzt das bewährte »Follow-me-Auto« eingesetzt, um die Wartenden wechselweise von der einen auf die andere Seite der Baustelle zu lotsen. Der halbe Berg ist weggesprengt worden, die größeren Trümmer der Felsen haben an vielen Stellen die Leitplanken der alten Straße durchschlagen. Über etliche Kilometer fahren ich und ein PKW hinter dem Lotsen her. Auf dem scharfkantigen, lockeren Geröll muss ich ständig gegenlenken, um nicht das Gleichgewicht zu verlieren. Wegen der Felssplitter mache ich mir ein bisschen Sorgen um die Reifen.

Ungefähr bei Alta beginnt es etwas zu regnen, aber man kann die Regenwolke am Himmel ganz klar abgrenzen und sehen, dass es wohl nur bei diesem kurzen Schauer bleiben wird. In Alta tanke ich voll. Von der Tankstelle aus sehe ich schon den Abzweig nach Kautokeino, den Ort inmitten Lapplands, den ich erst auf der Heimfahrt durchqueren werde.

Mit einer Tankfüllung fahre ich normalerweise um die 300 Kilometer, bis ich wieder an der Zapfsäule stehe. Theoretisch wären inklusive Reserve sogar 450 bis 500 Kilometer drin, das habe ich aber noch nie bis zum bitteren Ende getestet. Wenn es ganz im Norden, wie ich gehört habe, keine Tankstellen mehr gibt, dann kann ich es auf der Rückfahrt jedenfalls wieder knapp bis hierher schaffen, bevor mir der Saft ausgeht.

Die E6 erklimmt hinter Alta wieder ein Fjell. Stürmischer Wind zwingt mich beim Fahren auch auf der Geraden in eine deutliche Schräglage. Der Regen hat noch nicht aufgehört.

Nun beginnt eine Einsamkeit, wie ich sie mir nicht so intensiv vorgestellt habe. Unendliche Kilometer lang erblickt das Auge rein gar nichts außer Flechten, Moosen und Gräsern, hin und wieder einige Rentiere, die ihr karges Dasein fristen. Viele Kilometer lange Geraden, dann eine leichte Kurve, darauf folgen wieder endlose Geraden. Der eiskalte Wind pustet den Regen waagerecht über das Fjell. Ich fahre im günstigsten Drehzahlbereich mit 90 bis 100 Stundenkilometern, um Sprit zu sparen. Die Motortemperatur geht auf ein Viertel des Normalen zurück, so gut wird der Motor gekühlt und so wenig Hitze erzeugt er bei dieser Fahrweise.

Nach etwas über hundert Kilometern weist ein Schild links den Weg nach Hammerfest. Soll ich oder soll ich nicht? Hammerfest würde 160 Kilometer Umweg bei Kälte und waagerechtem Regen bedeuten. Irgendwie wäre das Blödsinn. Also weiter. Das Nordkap ruft, ich kann es schon deutlich hören.

Die Landschaft ist karg, kalt und trostlos, nur ganz selten

begegnet man anderen Fahrzeugen. Dieses Nordkap will erobert werden. Allein in unvorstellbarer Einsamkeit kämpft sich ein Biker mit seiner treuen Bertha Kilometer um Kilometer voran. Den Härten der Natur trotzend schleppen sich beide immer weiter dem Ende der Welt entgegen … oder dem Wahnsinn. Mir gefällt die Strecke, auch wenn sie im Prinzip langweilig ist. Genau das wollte ich ja, durch die Einsamkeit dorthin gelangen, wo es nicht mehr weitergeht.

Schon weit vor mir sehe ich einen schwarzen SUV entgegen der Fahrtrichtung auf meiner Straßenseite stehen. Es sind keine Personen zu sehen, auch nicht im weiteren Umkreis auf dem Fjell. Nach einem Unfall sieht das jedenfalls nicht aus. Beim Näherkommen stelle ich fest, dass es sich um einen Volvo handelt. Kein Warndreieck, nichts Auffälliges, es besteht also kein Grund, hier anzuhalten.

Im Vorbeifahren trifft mich fast der Schlag: Zwei Uniformierte sitzen hinter den stark getönten Scheiben, auf der Motorhaube des Volvos sind zwei flache, schwarze Kameragehäuse festgeschnallt und auf den Gegenverkehr – also auf mich – gerichtet! Ein mobiler Blitzer mitten in der Pampa, wo alle Schaltjahre mal einer vorbeikommt! Wohl nicht ganz zu Unrecht, denn mein Tacho zeigt hundert Stundenkilometer an, das ist eindeutig zu viel. Ob mich jetzt gleich eine Streife anhält und zur Kasse bittet? Oder wird mich zu Hause Post aus Norwegen erwarten? Da fahre ich nun tausende Kilometer bewusst anständig und ausgerechnet hier oben am Arsch der Welt kriegen sie mich. Das muss man mal sich mal vorstellen.

Irgendwann weist ein Schild auf den Abzweig Richtung Nordkap hin. Die E69 führt von hier bis zu meinem Ziel im Norden. Jetzt hört endlich dieser Dauerregen auf und die Straße, die in optimalem Zustand ist, trocknet schnell ab. So lässt es sich angenehm am Ufer des Porsangenfjords, einem weit ins Landesinnere reichenden Teils des Europäischen Nordmeeres, entlanggefahren. Sogar die Sonne lässt sich immer häufiger blicken.

Weit und breit gibt es nichts, keine Ortschaft, keine Tankstelle, nur das Meer, die Straße, ein paar Rentiere und mich. Und: keine Polizeistreife. Also doch Post nach Hause?

Dann führt der Weg durch einen relativ langen Tunnel, in dem die Höchstgeschwindigkeit auf sechzig Stundenkilometer beschränkt ist. Das ist ungewöhnlich langsam, sonst sind mehr erlaubt. Aber nach der Einfahrt zeigt sich, dass das Limit gerechtfertigt ist, denn dies ist wieder ein Tunnel ohne Innenausbau nur mit äußerst spärlicher Beleuchtung. Unglaublich, wie diese schwarzen Felsen das Licht schlucken. Ich versuche es wieder mit Fernlicht oder Nebelleuchten, aber da hilft wirklich nur volle Konzentration und langsame Fahrweise. Es dauert eine Weile, bis sich meine Augen an die Dunkelheit gewöhnt haben. Ich fahre konstant mit sechzig Sachen, bis ich vor mir erst nur Umrisse, dann eindeutig einen dunkel gekleideten Fußgänger mitten auf meiner Spur erkenne, der durch den Tunnel läuft. Er nimmt von mir nicht die geringste Notiz, deshalb hupe ich zwei Mal kurz. Er rudert mit dem linken Arm, ich solle vorbeifahren. Na gut, dann überlasse ihn dem Dunkel des Tunnels. Merkwürdig, er hatte nicht mal einen Rucksack oder irgend etwas anderes bei sich.

Einige Kilometer weiter taucht vor mir das Schild auf, das ich schon auf so vielen Fotos gesehen habe: »Nordkapptunnelen 6.870 m« Der knapp sieben Kilometer lange Tunnel, der die Nordkap-Insel Magerøya mit dem Festland verbindet, liegt vor mir. Er macht das Nordkap erst zum nördlichsten Punkt Europas, der auf Straßen erreichbar ist. Ich halte auf dem Platz vor dem Tunneleingang an und mache ein Foto von dem Schild.

Ein unerwartetes Gefühl beschleicht mich in diesem Moment: Ich will gar nicht so recht den letzten Schritt tun, beziehungsweise die letzten Kilometer fahren. Nach zwölf Tagen Fahrt bin ich kurz vor dem Ende Europas angekommen. Das Nordkap liegt in greifbarer Nähe. Was jetzt? Nordkap anschauen, wieder nach Hause fahren? Eigentlich will ich das gar nicht. Inzwischen bin ich so mit dem Motorrad verwachsen, dass mir der Gedanke an die Heimfahrt ziemlich missfällt. Von mir aus könnte es noch lange so weitergehen.

Im Nordkaptunnel gilt ein Speedlimit von sechzig km/h, die Straße führt drei bis vier Kilometer steil bergab, um bis auf 212 Meter unter den Meeresspiegel der schmalen Meerenge zwischen Insel und Festland zu gelangen. Es wird zunehmend kälter je weiter man kommt, ich kann dem Thermometer zuschauen, wie es fällt. Neun Prozent Gefälle bergab, danach neun Prozent Steigung bergauf. Die Benutzung des Tunnels ist seit 2012 kostenlos. Nach dem Bau 1999 wurde zur Finanzierung eine Maut verlangt. Als die Einnahmen die Höhe der Kosten erreicht hatten, wurde die Maut abgeschafft. Unsere Kommunalpolitiker hätten sich diese Einnahmequelle nicht nehmen lassen und weiterhin die Gebühr verlangt.

Magerøya stellt die bisherige Trostlosigkeit in den Schatten. Hier bin ich wirklich am Ende der Welt angekommen. Die Gegend gleicht einer Mondlandschaft, wo nichts wachsen und gedeihen will. Nicht umsonst bedeutet der Name »karge Insel«. Sie steht dennoch unter Naturschutz. Die etwa 3.000 Einwohner leben vom Fischfang und Tourismus. In den vier Ortschaften leben jeweils weniger als hundert Menschen, nur in Honningsvåg harren über 2.000 Einwohner das ganze Jahr über aus.

Während der Sommermonate ernähren sich die Rentiere, die von den samischen Züchtern im Frühjahr mit Lastwagen oder

Booten der norwegischen Marine auf die Insel gebracht werden, von der Rentierflechte, einer der wenigen Pflanzenarten, die hier überleben können. Wenn die Tiere im Herbst kräftig herangewachsen sind, lässt man sie den Weg zurückschwimmen, das sind an der engsten Stelle immerhin 1,8 Kilometer.

Mit Honningsvåg erreiche ich die erste nennenswerte menschliche Ansiedlung seit Alta. Im Außenbezirk der Stadt finden sich unschöne, graue, abweisende Fabrikanlagen. Ich denke an die bedauernswerten Leute, die dort an was auch immer schuften, um ihr hartes Dasein in der Einöde bestreiten zu können.

Die Innenstadt wirkt hingegen freundlich und farbenfroh, aber das Beste an ihr ist die Tankstelle! Bevor ich irgendetwas anderes mache, fülle ich den Tank der Dicken randvoll. Die Stadt lebt ganz oder zu einem großen Teil vom Tourismus. Täglich landet ein Schiff der Hurtigruten oder ein anderer Kreuzfahrer an und entlässt hunderte Besucher, die dann, zumindest im Sommer, mit Bussen zum knapp vierzig Kilometer entfernten Nordkap gebracht werden.

Und dort will ich jetzt auch endlich hin. Ich düse los, freue mich darüber, dass mittlerweile der schönste Sonnenschein lacht und genieße die kurvige Fahrt über Hügel und durch Täler. Das Nordkap kann ich schon fast erfühlen. Bei dem letzten Hinweisschild zum Kap, »Nordkapp 13 km«, das man regelmäßig in Reportagen und Dokumentationen zu sehen bekommt, sehe ich den »Kirkeporten« Campingplatz mit Hüttenvermietung. Ein grünes Schild weist darauf hin, dass von den wenigen Hütten noch welche zu haben sind. Also nichts wie hin, so lange muss das Kap noch warten, denn die Erfahrungen auf den Lofoten haben gezeigt, dass mal ganz schnell alle Hütten eines Platzes belegt sind.

Alles geht ganz schnell und nur zehn Minuten später stehe

ich vor der Hütte und lade das Gepäck ab, das ich eilig in meine Bude werfe. Diese Hütten hier sind aufgeteilt in zwei Zimmer mit jeweils einem schlichten Etagenbett. Jedes Abteil hat seinen eigenen Eingang. Mein Hüttennachbar kommt offenbar aus Deutschland, sein Auto mit deutschem Kennzeichen steht neben der Behausung.

Nun aber flugs hinauf zum Kap! Ich schwinge mich auf's Motorrad und gebe Gas. Außer der Kamera habe ich nichts eingepackt. Noch nicht einmal die Regenklamotten, was für ein Tag! Vorne am Campingplatz prangt nun statt des grünen ein rotes Schild – alle Hütten belegt. Mein lieber Mann, das war knapp. Offensichtlich habe ich die letzte freie Hütte erwischt. Schwein gehabt!

Bertha hüpft die letzten Kilometer, befreit vom schweren Gepäck, freudig wie ein junges Mädchen hinauf zum Nordkap. Sie fühlt sich federleicht an, wie sie das letzte Stück der Stichstraße hinaufjagt, an deren Ende das Kassenhäuschen des Nordkap-Parkplatzes auf uns wartet. Ich zahle 255 NOK, etwa 30 Euro, gelange auf den großen Platz, der bereits voller Autos und Busse steht, und lasse Bertha am nördlichsten Stellplatz auf den Seitenständer ab. Ich bin so weit nach Norden gefahren, wie es nur geht. Die letzten Meter bis zum Ende Europas muss ich zu Fuß gehen. Hier beginnt übrigens der 4.900 Kilometer lange »Europäische Fernwanderweg E1«. Respekt vor dem, der ihn bewältigt, ich bin lieber motorisiert unterwegs.

Links an der großen »Nordkapphallen« vorbei gelange ich direkt an einen Punkt der Klippe, von dem aus man eine phänomenale Aussicht auf das gesamte Panorama hat. Links blickt man auf eine kleine Landzunge, die noch einige Meter weiter nach Norden ins Meer reicht als das Nordkap-Plateau. Aber dort führt kein Weg hin, deshalb gilt das Nordkap als der nördlichste erreichbare Punkt Europas. Der Blick schwenkt weiter nach rechts über die endlose Weite des Meeres hinweg. Irgendwo da draußen in etwa zweitausend Kilometern Entfernung liegt der Nordpol. Rechts von mir erstrahlt im hellen Sonnenschein dieser gewaltige, rund dreihundert Meter aus dem Meer emporragende Felsen, der die eiserne Weltkugel trägt, das Symbol des Nordkaps. Hinter mir liegt die große Halle mit ihren vielen Attraktionen, aber die schaue ich mir später an, als Erstes muss ich jetzt das Ziel meiner Reise erreichen und marschiere zur Weltkugel.

Das schöne Wetter hat hunderte von Leuten ans Kap gelockt und sie alle wollen sich am stählernen Globus fotografieren lassen. Die vielen Busse sprechen dafür, dass im Hafen ein Schiff liegt. Obwohl ich lange warte, gelingt es mir kaum, ein Selfie zu schießen, auf dem ich alleine drauf bin. Aber egal, ich bin hier und versuche, das erhebende Gefühl, die Stimmung, die von diesem Ort ausgeht, den Wind, die Temperatur, einfach alles in mich aufzunehmen und ins Langzeitgedächtnis zu verfrachten, damit es mir nicht mehr verloren gehen kann. Ich atme ganz tief ein, als ob ich alles so noch besser aufnehmen könnte. Das Meer ist wunderbar türkisfarben, der Himmel erstrahlt in seinem schönsten Königsblau mit ganz wenigen weißen Wolken. An keinem Tag der Tour war das Wetter so sensationell schön wie heute. Ich kann mich nicht satt sehen. Vielen Leuten scheint es wie mir zu gehen. Am Geländer über dem steil ins Wasser hinabstürzenden Felsen stehen schweigsame Menschen, die ergriffen in den Norden blicken und versuchen, den Moment zu verinnerlichen.

Wie versprochen, mache ich meinen Lieben zu Hause per SMS Meldung, dass ich angekommen bin. Ich versende »Grüße frisch vom Nordkap«. »Frische Grüße« wäre auch richtig gewesen, denn trotz der Sonne ist es hier oben nicht warm. Nur ein paar Minuten später schickt mir meine Tochter einen Screenshot der Northcape-Webcam, auf dem ich zu sehen bin, wie ich zur Weltkugel spaziere. »Hab dich! Viel Spaß noch!«. Es ist schon Wahnsinn, wie sich die Zeiten geändert haben. Wenn man früher auf Reisen gegangen ist, war man erst einmal weg. Von unterwegs hat man eine Karte nach Hause geschickt und vielleicht noch ein oder zwei Mal angerufen, heute hingegen ist man pausenlos miteinander in Kontakt. Man verfügt jederzeit über alle Infos, was zu Hause los ist, wie das Wetter wird und so weiter. So gesehen hat das Internet das Reisen zwar leichter, aber auch etwas weniger abenteuerlich und spannend gemacht.

Entlang der Steilküste kommt man rechter Hand nach zweihundert Metern zur künstlerischen Installation »Kinder der Erde«. Von sieben Kindern aus sieben verschiedenen Erdteilen wurden im Jahre 1989 kreisrunde Tafeln von geschätzt einem guten Meter Durchmesser erschaffen, die Zusammenarbeit, Freundschaft, Hoffnung und Freude über alle Grenzen hinweg symbolisieren. Davor steht eine Skulptur, die eine Mutter mit ihrem Kind darstellt. Seit das Monument aufgestellt wurde, findet die jährliche Verleihung des Preises »Kinder der Welt« am Nordkap statt. Dabei wird jeweils ein Projekt mit einer größeren Geldsumme gefördert, welches sich für verbesserte Lebensbedingungen der Kinder in der Welt verdient gemacht hat. Auch dieses Kunstwerk lasse ich lange auf mich wirken, bevor ich weiter auf dem Plateau herumschlendere.

Dann widme ich mich einer wichtigen Aufgabe, die ich auf keinen Fall vergessen darf: Ich suche für meine Frau einen herzförmigen Stein, der vom Nordkap stammt. Von überall, wo wir in unseren Urlauben waren, hat sie einen solchen Stein mitgebracht. Und mein Auftrag ist es, ihr einen von hier zu besorgen und zwar im Austausch gegen ein steinernes Herz, das wir in unserer Heimat gefunden haben. Seit meiner Abfahrt trage ich es in meiner Hosentasche bei mir. Aber obwohl ich beinahe jeden einzelnen Stein auf Magerøya umdrehe, finde ich keinen, der wirklich herzförmig ist. Schließlich nehme ich einen mit, von dem ich annehme, dass er ihr gefallen wird und lasse den Heidelberger Stein am Nordkap zurück. Ein bisschen verrückt vielleicht – oder auch nicht.

Nun betrete ich die Nordkaphalle durch den Haupteingang, an dessen Seiten die Koordinaten des Breitengrades 71°10'21" angeschrieben sind, auf dem das Nordkap liegt. Der obligatorische Souvenirladen, ein Restaurant, eine große Panoramascheibe zum Meer hinaus. Alles ist lichtdurchflutet, in der Halle ist es wohlig warm.

In den Laden gehe ich später, zuerst möchte ich mir die unterirdischen Attraktionen des Nordkaps ansehen, von denen ich schon gelesen habe. Über eine lange Schräge kommt man immer tiefer in den Felsen hinein. Man passiert die Nachstellung von wichtigen historischen Ereignissen im Modell. Dazu sind einzelne Geschehnisse der Geschichte wie in großen Aquarien entlang des Weges hinter Glas zu bestaunen.

Noch beeindruckender ist die am Ende des Tunnels befindliche »Cave of Lights«, eine Höhle, an deren Wänden imponierende Lichtspiele bei entspannender Musik stattfinden, dazwischen werden immer wieder einzelne Episoden durch die Jahreszeiten in Nord-Norwegen als Filmsequenzen eingespielt. Überall hat man die Möglichkeit, sich bequem zu setzen oder zu legen, um die starken Eindrücke auf sich wirken zu lassen.

Auf dem Weg zurück nach oben besuche ich die »St. Johannes kapell«, eine kleine Kapelle, die ich auf dem Hinweg gesehen habe. Höhlenartig in den Fels gehauen, ist sie nicht viel mehr als ein runder Hohlraum, der etwa zwanzig Menschen Platz bietet. An der Stirnseite wurde ein kleiner Altar eingearbeitet. Die Kapelle ist vollkommen schmucklos und begnügt sich mit dem Nötigsten. Der Raum ist erfüllt von leiser esoterischer Musik. Ich bin ganz alleine und setze mich auf einen der halbrund angeordneten Stühle. Wie nach einer gewaltigen Anstrengung atme ich aus, entspanne meine Muskeln und verschmelze förmlich mit dem Stuhl.

Da bin ich also am äußersten Rand Europas angekommen, was mir in diesem Moment eine ungeheure Zufriedenheit gibt. Nicht deshalb, weil ich hier ein anderer Mensch bin oder meinen Sorgen entkommen könnte, sondern weil ich etwas angepackt und geschafft habe, das ich »irgendwann im Leben einmal gemacht haben« wollte. Es war nicht immer ein Spaziergang, aber auch nicht übermäßig schwer. Wichtig war nur der Entschluss, es jetzt anzupacken und einfach zu machen, anstatt auf den besten Moment dafür zu warten. Vielleicht geht es auch anderen so: Man weiß genau, was man machen will, aber man entschließt sich einfach nicht dazu anzufangen. Nun hier zu sitzen gibt mir mehr Zufriedenheit und Genuss als irgendwelche materiellen Dinge oder ein hoher Kontostand. So etwas lässt sich nicht kaufen, das Erlebnis, etwas getan zu haben, wofür man den inneren Schweinehund überwinden musste. Mir fällt ein Gedicht des deutschen Schriftstellers Martin Walser ein, das einer der drei Pastoren auf dem regelmäßig in Wiesloch stattfindenden Motorradgottesdienst einmal zum Thema seines Vortrages gemacht hat. Es heißt »Mut« und der zentrale Satz lautet: »Dem Gehenden schiebt sich der Weg unter die Füße«. Das bedeutet nichts anderes, als dass auch der höchste Berg, das größte Problem einfach nur dadurch bezwungen werden können, indem man in Bewegung bleibt und einen Schritt vor den anderen setzt.

Von der beruhigenden Musik und meinen positiven Gedanken innerlich sozusagen wieder frisch eingenordet, verlasse ich die Kapelle, um oben im Shop meine letzten Norwegischen Kronen in Mitbringsel zu verwandeln. Natürlich muss ich mir auch einen »Nordkapp«-Sticker für's Motorrad kaufen.

Auf dem Weg nach oben fällt mir ein Postamt auf, das ich vorhin übersehen habe. Dort kann man sich Briefmarken mit einem Stempel versehen lassen, den es nur hier gibt, oder von hier seine Post verschicken. Man kann sich sogar eine Urkunde ausstellen lassen, dass man am Nordkap war.

Oder Mitglied im »The Royal North Cape Club« werden. Das ist ein exklusiver Club, dem man nur an diesem Ort beitreten kann. Wer nicht hier war, kann nicht Mitglied werden. Mitglieder erhalten lebenslangen kostenlosen Zutritt zum Kap.

Anschließend mache ich einen weiteren Rundgang um die Halle und gehe wieder zum Globus. Schon irgendwie in Abschiedsstimmung mache ich noch ein paar Bilder, bevor ich zum nördlichsten Motorrad Europas zurückgehe und dann ganz entspannt nach »Kirkeporten Camping« fahre.

In meiner Minibude, irgendwie ähnlich einer Gefängniszelle, koche ich einen Kaffee und richte mich für die Nacht ein.

Duschen fällt heute aus, nachdem ich vorhin beim Wäsche waschen die zweifelhaften Duschanlagen gesehen habe. Jetzt kann ich gut verstehen, weshalb übertriebene Hygienemaßnahmen durchaus zu Infektionen führen können. Anders ausgedrückt: Man kann sich nach dem Duschen auch dreckiger fühlen als vorher.

Am Abend lerne ich meinen Budennachbarn kennen, einen netten jungen Kerl aus Bayern, der sich fünf Wochen Zeit genommen hat, um Nord-Norwegen zu erkunden. Er will in ein paar Tagen weiterfahren. Bis Kirkenes und an die russische

Grenze, dann nach Süden durch Finnland und über das Baltikum zurück nach Deutschland. Eine spannende Route, die mir auch gefallen würde. Der Bayer hat zwar seine Campingausrüstung dabei, will sie aber – wie ich – nur noch in Notfällen einsetzen.

Der Kaffee war natürlich ein Fehler. Bei der Helligkeit finde ich nur schwer in den Schlaf. Erst als der laute Film, den sich mein Nachbar per Laptop auf DVD ansieht, zu Ende ist, schlafe ich unruhig ein.

Kapitel 13: Rentierzuchtgebiete

19. Juni
Kirkeporten - Luleå (Schweden)
N 65°35'44.1" / E 022°04'38.6"
930 km
überwiegend sonnig

Oberhalb des Polarkreises bin ich immer sehr früh wach. Schon vor sechs Uhr beginne ich heute mit dem Packen meiner Habseligkeiten. Wie ich mich darauf freue, bald nachts wieder im Dunkeln schlafen zu können

Das Wetter ist okay, sehr kalt zwar, aber immerhin trocken und sonnig. Die Dicke Bertha bekommt noch etwas Öl, dann belade ich sie. Jetzt ist die Zeit gekommen, nach Hause zu fahren. Ich habe für die Strecke maximal sechs Tage Zeit. Geplant sind nur schnelle Straßen und wenige Stopps. Sinn meiner Tour war es, an Norwegens Küste bis zum Nordkap hochzufahren – die Rückfahrt ist im Grunde Nebensache.

Heute will ich bis in die die Nähe von Kautokeino fahren, dem kleinen Ort inmitten Lapplands in der Nähe der finnischen Grenze. Bei trockenem Wetter könnte ich zwar weiter kommen, aber zwischen Alta und der Ostsee sind die Campingplätze rar gesät und es ist vermutlich besser, mich an den Plan zu halten.

Gegen sieben Uhr starte ich und rolle kurz darauf durch das noch menschenleere Honninsvåg. Dann geht es auf der anderen Seite des »Nordkapp-Tunnels« wieder auf's Festland. Das war es dann wohl. »Mach's gut, Nordkap!«, rufe ich wehmütig in den Helm und schlucke tapfer den Kloß im Hals hinunter.

Auf der trockenen Straße drehe ich das Gas auf, beobachte

dabei ganz genau den Straßenrand, ob da nicht zufällig ein Polizei-Volvo in meine Richtung guckt oder ein Tier die Straße überqueren will. Die Griffheizung steht auf volle Pulle, was üblicherweise nur selten auszuhalten ist, weil einem sonst die Finger wegschmelzen. Aber bei dieser Kälte ist das jetzt genau das Richtige.

Auf dem Fjell Richtung Alta ist es immer noch so trostlos wie gestern und es regnet wieder. Ich schätze, dass ich mindestens drei Viertel der bisherigen Tour im Regen zurückgelegt habe. Ein paar Rentiere sind außer mir die Einzigen in dieser lebensfeindlichen Umgebung. Der Motor bleibt wieder zu kalt. Kein Mensch weit und breit, und seit inzwischen mehr als hundertfünfzig Kilometern keine Möglichkeit, an Benzin zu kommen. Gut, dass es in Honningsvåg diese Tankstelle gibt. Dort habe ich gesehen, dass die meisten Leute nicht nur den Tank ihres Autos, sondern auch noch Kanister im Kofferraum mit Sprit befüllen, wenn sie schon mal an der Zapfsäule sind.

Bei Alta, an der gleichen Tankstelle wie gestern, fülle ich die RT wieder auf. An der Kasse fragt man mich: „Are you going North or South?" Das ist eine interessante Frage, die man mir hier oben öfter stellt. Nach Norden oder Süden? Bei uns zu Hause würde man fragen: "Fahren Sie Richtung Hamburg, Bremen, Köln, Frankfurt, Berlin oder sonstwohin?" Nicht oberhalb des Polarkreises. So tief in der Wildnis existieren nur Himmelsrichtungen, irgendwelche Städte oder Siedlungen interessieren nicht.

Auf der RV93 ziele ich also in Richtung Süden, Zwischenziel Kautokeino, Hauptziel die nördliche Ostsee, der Bottnische Meerbusen. Nun scheint die Sonne und das Fahren macht endlich richtig Spaß, ich genieße es in vollen Zügen.

Die Landschaft ändert sich mit der Zeit, sie wird hügelig und die Vegetation nimmt zu, ausgedehnte Waldgebiete säumen meinen Weg. Das Grün der Pflanzen wird anders, ein wenig blasser. Wasser ist offenbar nicht mehr in diesem unendlichen Überfluss vorhanden. Aber auch hier herrscht vor allem Einsamkeit. Phänomenal, wie sehr man sich daran gewöhnen kann, mir ist es sogar recht, dass auf der ganzen Welt sonst niemand unterwegs zu sein scheint.

Bereits um die Mittagszeit erreiche ich Kautokeino, das ich mir viel größer vorgestellt habe und das sich nun als Dorf mittlerer Größe entpuppt. Nach kurzem Nachdenken beschließe ich, weiterzufahren und nicht den hiesigen Campingplatz zu suchen. Wohin mich der heutige Tag noch bringen wird, weiß ich nicht, aber es ist so schön, bei Sonnenschein und frei von nervendem Straßenverkehr mit funktionstüchtiger Bremse mutterseelenallein durch die Landschaft zu gleiten.

Hinter Kautokeino zieht sich die Straße erneut endlos durch die Abgeschiedenheit, immer durch riesige Waldgebiete. Viel Zeit, meinen Gedanken nachzuhängen. So finde ich es ungemein schade, dass die Tour nun fast vorbei ist, dass ich schon den Rückweg angetreten habe. Obwohl das Ganze bisher nicht unbedingt leicht war. Dieses unstete Wetter, die Kälte und der ständige scharfe Wind, die technischen Probleme an der Dicken, all das waren Begleiterscheinungen, die der Tour eine gewisse Würze gegeben haben. Die Reise wird mir, das kann ich schon jetzt sagen, unendlich wertvoll sein. Mein Leben lang werde ich mich daran erinnern, etwas für mich Ungewöhnliches getan und mich immer weiter nach Norden vorgearbeitet zu haben. Ich habe die Dinge mit eigenen Augen gesehen, die ich auf den Fotos in Reiseberichten anderer stets bewundert habe.

Schon bald passiere ich die Grenze zu Finnland. Niemand schert sich um mich, als ich fast ohne zu bremsen Norwegen verlasse. Ich kann nicht einmal mit Sicherheit sagen, ob die Grenzstation überhaupt besetzt war, vermutlich schon, denn ein Zoll- oder Polizeiauto stand daneben.

Schönstes Sommerwetter begleitet mich ab jetzt, auch wenn sich die Temperaturen noch im einstelligen Bereich bewegen.

»Achtung Rentier-Zuchtgebiet« warnt ein Schild in mehreren Sprachen davor, dass die Tiere jederzeit auf die Straße laufen können. Die Sami sind stolz darauf, dass hier mehr Rentiere als Menschen leben.

Es ist unvorstellbar, wie eintönig ein Weg sein kann, der unzählige Kilometer einfach nur geradeaus durch endlosen Wald führt. Einzig die Tatsache, dass es noch nie so wahrscheinlich war wie hier, dass ein Rentier die Straße kreuzt, hält mich dazu an, nicht gedanklich abzuschweifen, sondern immer den Straßenrand im Auge zu behalten und, wo es geht, in den Wald hineinzuschauen. Aber nichts geschieht, kein anderer Verkehrsteilnehmer, weder Mensch noch Tier, begegnet mir und die Landschaft ändert sich erst bei Poronlihamyymälä Keminmaalla. Ich vermute, dass dies der Name der winzigen Siedlung ist, es könnte allerdings auch »Achtung, hier wird scharf geschossen« bedeuten, ich habe keine Ahnung. Der Wald lichtet sich, man kann während der Fahrt etwas weiter sehen als nur bis zum nächsten Baum.

Unter der Handvoll Häuser befindet sich ein Mini-Markt, der alles in sich vereint, was hier in der Wildnis wichtig ist. Im Angebot sind Lebensmittel, Baumaterialien, Angelgeräte, ein Post- und Bankschalter, eine Tankstelle und ein Campingplatz mit Schneemobilvermietung. Ich wette, dass der Inhaber, der alles alleine zu managen scheint, beim geringsten Ärger unter der langen Theke eine Schrotflinte hervorzaubern wird. Der Laden hat das abenteuerliche Flair eines Western-Außenpostens. Ich esse ein Sandwich, dessen Belag ich wohl nie erfahren werde, denn der stämmige Finne, der es mir verkauft hat, spricht kein Wort Englisch. Es schmeckt jedenfalls vorzüglich. Dass ich mit Euro bezahlen kann ist cool, es gibt mir das Gefühl von Heimat.

Irgendwann kehre ich zurück in die Zivilisation, sehe gemauerte Häuser, Industrieanlagen, andere Verkehrsteilnehmer und Touristen, die an den Ortsschildern stehen bleiben und die Namen der Ortschaften fotografieren, die sich vor allem durch ihre enorme Länge und unzählige Buchstabenverdopplungen auszeichnen. Oft ist die Straße drei- oder vierspurig, immer noch wird alle paar hundert Meter vor Rentieren gewarnt.

An einer Tankstelle fülle ich das Spritfass der RT auf und zahle problemlos mit der Kreditkarte. Es ist angenehm, dass in Finnland der Euro gilt, die Umrechnerei im Kopf entfällt.

Nun bin ich heute zwar schon eine ziemlich lange Etappe gefahren, denke aber nicht daran, mir jetzt schon eine Bleibe zu suchen. Viel lieber möchte ich noch den Polarkreis in südlicher Richtung überschreiten und einen Sonnenuntergang sehen, am liebsten im Abendrot am Meer sitzen und beobachten, wie die Sonne in der Ostsee versinkt. Ja, das wäre ein Ding!

Nach ungefähr siebenhundert Kilometern steige ich auf dem Parkplatz des Polarkreis-Shops in Napapiiri ab. Die RT steht genau auf der Linie, die den Arctic Circle darstellt und befindet sich mit dem Hinterrad in der Arktis, während ihr Vorderrad schon das Polargebiet verlassen hat. Auf dem riesigen Parkplatz bin ich der Einzige. Ein paar Flaggen mit der Aufschrift »Arctic Circle« wehen vor dem in einem großen, rot gestrichenen Holzhaus untergebrachten Shop.

Drinnen kann man, wie auch am norwegischen Polarsirkelen, alle nur erdenklichen Souvenirs im Zusammenhang mit dem Polarkreis erstehen. Auf die Polarkreis-Urkunde verzichte ich. Nicht nur wegen des Preises, sondern weil ich finde, dass ich derlei Spielereien nun nicht brauche. Ich war da, ich weiß, wie es dort ist, fertig. Wem soll ich etwas beweisen?

Einen Hot Dog kaufe ich mir dennoch und spaziere beim Essen auf dem Parkplatz herum. Ein deutsches Wohnmobil kommt an und parkt neben meinem Motorrad. Ein Ehepaar steigt aus und will wissen, wie es bis zum Nordkap weiter geht. Die beiden sind genervt von den schwedischen Autobahnen. »Langweilig ohne Ende, ständig musst du siebzig fahren, alles voller Blitzer.« Das hatte ich gar nicht so schlimm in Erinnerung, im Gegenteil, das Stück Autobahn von Malmö nach Norwegen habe ich sogar genossen.

Nun dauert es nicht mehr lange und ich erreiche Tornio, eine kleine Stadt am Bottnischen Meerbusen. Sie ist die älteste Stadt Lapplands und liegt am Fluss Tornionjoki, der gleichzeitig die Grenze zu Schweden darstellt. Der Grenzübergang erfolgt auch hier absolut problemlos. Es gibt zwar Grenzhäuschen, aber auf Kontrollen wird verzichtet.

In Schweden angelangt, folge ich der E4, die eine ganze Weile, nämlich bis hinunter nach Söderhamn, etwa zwei Stunden vor Stockholm, meine Straße sein wird.

Allmählich wird es Abend, inzwischen habe ich über achthundert Kilometer abgeritten. Nach einer guten Stunde leiten mich Hinweisschilder von der Autobahn zum Campingplatz »First Camp Luleå«, recht groß und direkt an der See gelegen. In dem weitläufigen Waldstück davor ist ein Eisenbahnmuseum beheimatet, das in seinem Außenbereich zahlreiche Fahrzeuge der schwedischen Eisenbahn präsentiert.

Am Empfang begrüßt mich eine Dame außerordentlich freundlich. Sie hört zu, was ich möchte und vermietet mir eine Hütte in der Nähe des Strandes. Dabei erklärt sie mir alles auf ihre liebenswürdige Art. Sie entspricht zu hundert Prozent dem

Klischee, wie blonde hübsche Schwedinnen auszusehen haben. Als ich bezahlen will, meint sie, sie müsse mir aber noch etwas sagen: Heute sei »Midsommar«, das größte Fest in Schweden nach Weihnachten und es könne sein, dass es in der Nacht sehr unruhig zuginge, weil die Leute oft die ganze Nacht hindurchfeiern und singen würden. An »Midsommar« feierten die Menschen die Sommersonnenwende, den längsten Tag des Jahres. Midsommar? Ist mir egal. Ich antworte, dass ich heute Morgen am Nordkap gestartet bin und hundemüde genug bin, um trotzdem schlafen zu können. Sie lacht höflich, ist sich aber nicht sicher, ob sie mir glauben kann oder ob ich nur einen Scherz machen wollte.

In der Rezeption befindet sich ein Supermarkt. Dort decke ich mich mit Proviant und Getränken ein, dann folge ich dem Plan, den sie mir gegeben hat, durch die Straßen der enorm großen Anlage.

Mich erwartet ein richtiges Haus im schwedischen Stil, aus rot gestrichenem Holz mit weißen Fenstern und Türen. Die Küche ist gut ausgestattet, im Wohn- und Schlafraum stehen gemütliche Möbel und ein Fernsehgerät.

Nach der Dusche mache ich mich daran, die schwedischen Fleischbällchen, Köttbullar, aus dem Supermarkt mit Kartoffeln und Soße zuzubereiten. Dazu gibt es einen fertig gekauften Salat. Damit setze ich mich an den Fernseher und zappe durch alle Programme, von denen es hier wesentlich mehr gibt, als in Norwegen. Ich bleibe bei einem englischsprachigen Nachrichtensender hängen und verfolge im Wetterbericht die ernüchternden Aussichten für die nächsten Tage. Ein gigantisches Regengebiet wird ab morgen Schweden erreichen und einige Tage lang für schlechtes Wetter sorgen. Die animierte Wetterkarte macht den Eindruck, als ob es auch zu Hause tagelang nur regnen wird. Bei diesen Aussichten verwerfe ich den Gedanken endgültig, bald mal wieder im Zelt zu übernachten. Muss nach meinem Bandscheibenvorfall im letzten Jahr auch nicht unbedingt sein.

Spät abends spaziere ich über den Platz, sehe einige Leute fröhlich feiern und suche mir am Strand ein ruhiges Plätzchen, wo ich mich hinsetze und noch ewig ins Abendrot schaue, das alles in ein warmes Licht taucht und lange Schatten wirft. Ich genieße das Schauspiel, als hätte ich es noch nie gesehen. Irgendwie hänge ich ein wenig durch. Vielleicht habe ich den Rückfahrt-Blues.

Kapitel 14: Eisenarsch-Tours

20. bis 23. Juni
Luleå - Heidelberg
2.678 km
Sehr viel Regen, wenig Auflockerungen

Das Eisenbahnmuseum ist leider noch geschlossen, als ich morgens bei bedecktem Himmel einen Spaziergang dorthin mache. Es kann sein, dass das mit den Midsommar-Feierlichkeiten zusammenhängt und es heute vielleicht gar nicht öffnet. Mit der Kamera in der Hand durchstöbere ich den Außenbereich nach interessanten Motiven. Die Exponate, meist Güterwagen aus längst vergangenen Epochen, sind alle ganz hervorragend aufgearbeitet. Sie erinnern mich an die Jahre, in denen ich meine Freizeit an den Wochenenden mit der Restaurierung von Eisenbahnen im Eisenbahnmuseum Heilbronn verbracht habe. Ich kann mir deshalb gut vorstellen, wie viel schwere Arbeit in den Waggons steckt, die das »Norrbottens Järnvägsmuseum« hier präsentiert. Auf einem abgelegenen Gleis, das weit in den Wald hineinreicht, sehe ich, was die Eisenbahnfreunde in den nächsten Jahren noch vorhaben: Dort stehen etliche ziemlich heruntergekommene Personenwagen, die auf ihre Restaurierung warten. Eine ganze Weile treibe ich mich in der Welt der historischen Bahnen herum. Ich liebe den typischen Geruch von Eisen und Schmiermitteln, den charakteristischen Eisenbahngeruch eben. In meiner Kindheit, als die meisten Züge noch mit Dampf betrieben wurden, wollten alle Jungs Lokführer werden. Wenn damals ein Dampfross in den Bahnhof gerauscht kam, ich erinnere mich noch gut daran, war das ein Fest für die Sinne. Es roch nach

Eisen und Feuer, es dampfte und zischte, der Boden erzitterte und wenn die Lok vorbeifuhr, spürte man das Höllenfeuer, das in ihr loderte. Ertönte dann noch ein knackiger Sound aus dem dampfbetriebenen Horn, trat mir schon mal eine Träne der Rührung und des Glücks ins Auge. Aber das ist eine andere Geschichte …

Der Blick zum Himmel verheißt nichts Gutes, der Wetterbericht scheint Recht zu behalten – Regen. Ich sollte mich besser bald auf den Weg machen, denn weil ich heute fast nur auf der E4 und der Straße Nr. 50 fahren und dort hoffentlich zügig vorankommen werde, habe ich mir ehrgeizige neunhundert Kilometer bis in die Gegend von Ludvika vorgenommen.

Pünktlich zum Fahrtantritt setzt ein unangenehmer Landregen ein. Der Himmel ist mit dunklen Wolken verhangen, kein Ende der Regenfront in Sicht. Die E4 kann man nur auf wenigen Abschnitten als echte Autobahn bezeichnen. Über weite Strecken führt sie insgesamt zwei- oder dreispurig durch undurchdringliche Wälder und obwohl sie entlang der See nach Süden zielt, bekommt man das Meer nur ganz selten zu Gesicht. Meistens liegen rechts und links der Straße weite übersichtliche Rasenstreifen, dahinter stehen jeweils hohe Zäune, die gefährlichen Wildwechsel verhindern sollen. Dennoch warnen andauernd Schilder davor, dass Elche die Straßen überqueren könnten.

Ungewöhnlich finde ich, dass auf dieser Hauptverbindung Schwedens in den Norden so gut wie niemand unterwegs ist. Ein paar LKW und Wohnmobile, sonst herrscht Ruhe auf der Straße und ich fahre oft lange alleine durch den Regen. Umso nerviger ist die Unzahl von stationären Blitzern, die die extrem häufigen Geschwindigkeitsbegrenzungen auf sechzig oder siebzig Stundenkilometer überwachen. Noch nicht einmal auf der Hälfte der Strecke darf man die neunzig oder hundertzehn Sachen fahren, die grundsätzlich auf Landstraßen oder Autobahnen erlaubt sind.

Oft ist die Strecke dreispurig und die mittlere Spur wechselweise für die eine oder andere Fahrtrichtung freigegeben. In der Straßenmitte trennen dann niedrige Metallpfosten, zwischen denen Drahtseile gespannt sind, die Richtungen voneinander ab. Das ist nicht gerade motorradfahrerfreundlich, denn wenn man da hineinrutscht, geht man hindurch wie durch einen Eierschneider.

So fahre ich den ganzen Tag vor mich hin, krieche an den Geschwindigkeitskontrollen vorüber und bin an jeder Tankstelle gespannt, ob ich es diesmal wieder hinbekomme. Denn im Gegensatz zu den norwegischen und finnischen Tankstellen, an denen das Tanken mit Karte einfach war, blicke ich an den schwedischen Tankautomaten noch nicht so ganz durch. Letztendlich klappt es zwar immer, aber nie beim ersten Versuch.

Bei Söderhamn wechsele ich auf die Route 50, die sogenannte »Berglagsdiagonale«. Nur noch etwa zweihundertfünfzig Kilometer, bis ich endlich wieder ein trockenes Dach über dem Kopf haben werde. Die Straße führt durch gebirgiges Gelände, aber immer durch den Wald, was wegen der Gefahr des Wildwechsels gleichbedeutend mit Speedlimit ist. Auch hier finden Geschwindigkeitskontrollen statt wohin man blickt.

Bei Ludvika schließlich erreiche ich am frühen Abend den vorgesehenen Campingplatz. Ein rotes Holzbrettchen an dem Hüttensymbol vor dem Platz gibt mir eine böse Vorahnung. Und in der Tat, der freundliche Herr an der Rezeption erklärt, dass keine Hütte mehr frei sei. Nein, Zeltplätze habe er nicht. Meine Frage war eigentlich auch nicht ganz ehrlich gemeint, denn zelten wollte ich ohnehin nicht mehr.

Im Regen am Motorrad stehend denke ich nach. Meine Camping-App hat keine Alternative anzubieten, die in erreichbarer Entfernung läge. Vom Jedermannsrecht Gebrauch zu machen und mir einfach einen Platz im Wald zu suchen, ja das ginge. Die Frage ist, will ich das?

Beiläufig drücke ich am Navi auf die »Nach-Hause-Taste«. »1.680 km«, ist die Antwort, nachdem das Gerät eine ganze Zeit lang gerechnet hat. Nein, das ist nicht zu schaffen. Ich erinnere mich an die Sechsunddreißig-Stunden-Übungen bei der Bundeswehr, da konnte man anschließend nicht mehr »Papp« sagen. Ist aber trotzdem irgendwie gegangen. Ein Gewissenskonflikt entbrennt, doch ich entscheide, für heute Feierabend zu machen.

Vor wenigen Kilometern bin ich an einem herrlich gelegenen See vorbeigefahren. Ob es dort ein schönes Plätzchen gibt, an dem ich mein Zelt aufschlagen kann? Ich muss es probieren. Mir bleibt ja kaum etwas anderes übrig. Also sitze ich auf und fahre zurück, bis ich an den See gelange. Sieht nicht so schlecht aus: Ein kleiner Parkplatz mit Sitzbank für Tagesausflügler, ein Stück weg von der Straße, schön ruhig. Die RT steht dort prima. Ich schaue mich im angrenzenden Waldstück um, ob ich vier Quadratmeter ebenen Boden finde, um dort mein Zelt aufzuschlagen. Die Bäume halten glücklicherweise den direkten Regen ein bisschen ab. Ich entdecke schließlich einen Fleck, von dem aus ich den Parkplatz sehen kann, mich aber nicht gleich im Blickfeld der vorbeifahrenden Autos befinde. Das könnte passen und wird auf jeden Fall eine ganz neue Erfahrung sein – wild in Schwedens Outback zu campen.

Noch immer geht der Zeltaufbau zügig vonstatten, als hätte ich die letzten zwei Wochen nichts anderes gemacht. In Windeseile habe ich es aufgebaut, muss nur noch mein Gepäck hineinwerfen und die nassen Motorradklamotten ausziehen.

Im warmen Schlafsack auf der ISO-Matte liegend, nehme ich

mein Abendessen zu mir, das aus einem Schokoriegel besteht, und liege dann einfach nur da und lausche den vielen unbekannten Lauten des Waldes. Zum Tagebuchschreiben habe ich so gar keine Lust und belasse es bei ein paar Stichworten, die ich müde in mein Handy tippe.

Am nächsten Morgen werde ich von den Waldgeräuschen geweckt, die sich nun völlig anders anhören als am Abend. Alle Vögel sind munter unterwegs und begrüßen den Tag. Moment mal, die Vögel pfeifen und singen? Das heißt doch, dass es nicht regnet. Sofort setze ich mich auf und schaue aus dem Zelt. Tatsächlich, kein Regen. Es ist ziemlich kalt und ich fühle mich nach der Nacht auf der ISO-Matte wie gerädert. Als Hüttenbewohner bin ich inzwischen wohl völlig verweichlicht.

Für diesen Fall, nämlich dass ich wild campen muss, war ich gestern nicht optimal vorbereitet und hatte keinen Wasservorrat bei mir. Wärmenden Kaffee könnte ich heute morgen zwar gut gebrauchen, um wieder in die Gänge zu kommen, ich entscheide mich trotzdem dagegen, Wasser aus dem See zu verwenden. Wer weiß, was darin alles schwimmt. Ich nutze die Gelegenheit, dass es momentan nicht regnet, und packe das Zelt schnell ein, nachdem ich es mit dem Handtuch von außen vom Morgentau befreit und halbwegs trockengewischt habe. Die Heringe aus dem verwurzelten Boden herauszuziehen, ohne sie zu verbiegen, ist fast so schwierig, wie sie gestern hineinzubekommen.

Als ich endlich wieder auf dem Motorrad sitze, bin ich froh, dort fühle ich mich halt am wohlsten. Die vergangene Nacht war zwar okay, aber nicht gerade prickelnd, so ganz ohne sanitäre Versorgung. Heute muss ich unbedingt früher versuchen, eine Bleibe zu finden.

Auf der Route 50 fahre ich zunächst in Richtung Örebro, meine Hauptrichtung bleibt vorläufig Helsingborg und Malmø. Leider beginnt es schon bald wieder zu regnen, die Schönheit der Wälder und Seen ist trotz allem beeindruckend. Die beschauliche Fahrt – Stichwort »Speed-Control« – führt entlang des »Vättern«, eines riesigen Sees, von dem ich noch nie gehört habe. An einem Rastplatz halte ich an und versuche, seine Größe genauer einzuschätzen. Mit dem Handy schaue ich im Internet nach und lese, dass eine Radrundfahrt um den See etwa dreihundert Kilometer lang ist. Mit dieser Auskunft kann ich etwas anfangen, denn vor einigen Jahren habe ich mit meiner Tochter den Bodensee auf dem Rad umrundet und dabei zweihundertfünfzig Kilometer zurückgelegt. Der Vätternsee liegt also ungefähr in der gleichen Kategorie.

Mir knurrt der Magen, in der nächsten Ortschaft werde ich mir ein Café oder einen Imbiss suchen.

Die Fahrt entlang des Sees ist trotz des miserablen Wetters wirklich schön und kurzweilig. Lange vor der Mittagszeit erreiche ich bei Ödeshög die E4, die ab hier direkt bis nach Helsingborg führt. Ich fühle mich nun endgültig auf der Heimreise, denn jetzt werde ich nur noch über Autobahnen bis nach Hause fahren. Und zwar ganz übersichtlich auf der E4, E20, E45, A7 und A5.

Großartig, dass die E4 durchgehend mindestens zwei Fahrspuren je Verkehrsrichtung hat und dass man fast ständig 110 km/h fahren darf. Das ist doch mal was! So kommt man wenigstens voran, und selbst bei Regen lässt sich das Tempo prima halten. Offenbar besteht keine Gefahr mehr durch Elche oder Rentiere.

Bei Jönköping mache ich meine Mittagspause in einer Autobahnraststätte. Gierig trinke ich dort zwei Kaffee und mache mich über einen Hamburger her, dann fahre ich mit Freude über meinen guten Schnitt weiter auf der fast leeren Autobahn.

Bereits am frühen Nachmittag erreiche ich bei Helsingborg die Küste. Der Öresund, die Engstelle, die die Ostsee mit dem Kattegat verbindet, markiert das Ende von Schweden. Auf der anderen Seite ist schon Dänemark. Weiter als bis hierher wollte ich eigentlich nicht kommen und es ist erst früher Nachmittag. Ab hier schließt sich sozusagen der Kreis, denn ich kehre nun auf die Straße zurück, die ich auch auf der Hinfahrt benutzt habe, die E20.

Noch einmal mache ich Rast in einem Restaurant an der Autobahn. Ein verrückter Gedanke manifestiert sich langsam. Ich könnte, wenn es gut läuft, bis 19 Uhr heute Abend in der Jugendherberge in Flensburg ankommen. Meinen JuHe-Ausweis habe ich dabei, die entsprechende App ist auf dem Handy installiert. Das wären dann aber um die neunhundert Kilometer. Eine Mörderstrecke, nicht ganz ungefährlich. Muss nicht unbedingt sein. Andererseits – warum nicht? Ich fühle mich noch fit. Um mich vor der Entscheidung zu drücken, lasse ich eine höhere Macht entscheiden und versuche, mittels der App ein Bett in Flensburg zu buchen. Wenn es klappt, dann soll es so sein, wenn nicht, suche ich mir hier die nächste Blockhütte. An der Küste ist die Versorgung mit Campingplätzen wieder besser als im Landesinneren.

Flensburg ist kein Problem, sofort bekomme ich eine Bestätigung auf's Handy, dass ein Zimmer für mich gebucht sei. Spätere Ankunft möglich, es sei immer jemand da. So soll es also sein, auf die Jugendherbergen ist Verlass.

Von nun an läuft alles easy, die Straße ist top, ich kenne das Ziel und das Navi führt mich auf direktem Wege hin. Im letzten Jahr habe ich bei meiner Deutschlandumrundung schon einmal in der Jugendherberge von Flensburg übernachtet und war sehr zufrieden.

Inspiriert zu dieser 5.500 Kilometer langen Tour hatte mich das Buch "Tausche Bürostuhl gegen Motorradsattel" von Rainer Janneck. Der Hamburger fuhr in drei Monaten einmal rund um Deutschland und übernachtete dabei ausschließlich in Jugendherbergen. Ich machte es auf meiner Reise genauso und war begeistert. Seitdem steige ich oft und gerne in Jugendherbergen ab.

Nun bin ich endgültig wieder zurück in der Zivilisation, der viele Verkehr auf der Autobahn ist ungewohnt, fast aufdringlich, obwohl er sich objektiv gesehen in Grenzen hält. Die Beschilderung ist perfekt und ohne irgendeine Schwierigkeit finde ich mich zurecht. Dann schließlich erreiche ich die Kassenhäuschen der Öresundbrücke. Dort bezahle ich die Maut und verlasse Schweden nach Dänemark. Mit der Überquerung des Öresund und des Störebelt über die beiden großen Brücken endet für mich diese Reise irgendwie. Das letzte Stück der Heimfahrt zählt gefühlsmäßig schon nicht mehr zur Tour. Merkwürdig.

Im Regen fällt mein Blick immer öfter auf die Anzeige der restlichen Kilometer im Navi und es ist eine Erleichterung, auf den Hof der Jugendherberge zu rollen und für heute Schluss machen zu können. Der Fahrtag war doch ganz schön lang. Meine Schätzung haut gut hin, es ist kurz vor sieben und am Empfang sitzt eine Dame, die mich freundlich begrüßt. Ich bekomme ein Zimmer für mich alleine. Das ist gar nicht schlecht, denn mit dem vielen Gepäck würde ich eventuellen Mitbewohnern sicher ordentlich auf den Keks gehen.

Nach einer ausgiebigen Dusche sitze ich im Zimmer und schaue mir auf dem Monitor der Kamera die Bilder an, die ich auf der Fahrt geschossen habe. Überraschung: Obwohl es draußen bereits dunkel ist, wird mir nicht kalt. Kein Wunder, schließlich haben wir Ende Juni und Hochsommer. Dennoch empfinde ich die Wärme nach der Kälte der vergangenen Tage als absolut ungewöhnlich.

Schon morgen werde ich wieder zu Hause sein, einiges früher als geplant. Die Gründe sind klar: Das Wetter hat mich ein paar Doppeletappen fahren lassen, weil ich keine Lust hatte, mir im Regen irgend etwas anzusehen, ich bin stattdessen lieber weitergefahren. Die Wal-Safari in Andenes ist der Bremsleitung zum Opfer gefallen und den Aufenthaltstag am Nordkap selbst habe ich – ebenfalls wegen des Wetters – nicht gebraucht. Dennoch: Trotz vieler Widrigkeiten war diese Reise im wahren Wortsinn sagenhaft. Ich bin glücklich, dass ich sie unternommen habe.

Am nächsten Morgen trete ich nach einem ausgiebigen Frühstück die letzte Etappe an. Die guten deutschen Brötchen und der leckere Kaffee lassen mich den Tag trotz des Sauwetters gut gelaunt beginnen.

Beim Frühstück saß ich bei einem bemerkenswerten Amerikaner, der mit einem monströsen Rucksack unterwegs ist. Er dürfte jünger sein als ich, so Ende Vierzig. Wir unterhielten uns lange und angeregt über unsere Touren. Seine Geschichte finde ich absolut inspirierend, er ist nämlich bereits seit einem Jahr zu Fuß und mit öffentlichen Verkehrsmitteln in ganz Europa unterwegs. Er stammt aus Texas und ist nun auf dem Weg in den Norden, weil er dort den kommenden Winter erleben möchte. Auf meine Frage, wie er seine Reise finanziere und ob er dort einen kurzen Job annehmen werde, meinte er lässig, dass er schon die ganze Zeit seine gewohnte Arbeit mache, nur eben online. Er sei Professor für irgendetwas, das sich nach Wirtschaft plus Politik anhört, und unterrichte seine Studenten übers Internet. Das sei mit seinem Arbeitgeber so abgesprochen, er habe noch maximal ein Jahr Zeit. Ja, das sind die Sachen, die einem selber mal passieren müssten! Klasse! In den allermeisten Berufen ist so etwas undenkbar.

Bis Hamburg bleibt es stürmisch und regnerisch, Bertha hat mit der Spur zu kämpfen, dennoch geht die Rückfahrt leichter von der Hand als die Hinfahrt. Es ist wie bei den Pferden, die auf dem Rückweg zum Stall auch immer ein wenig schneller und folgsamer sind. Kurz vor Hamburg bremsen gelbe Warnleuchten allerdings meinen Schwung – die Autobahn ist komplett gesperrt und der gesamte Verkehr wird einfach mitten in die Stadt umgeleitet. Einmal links ab, zweimal rechts und schon ist kein Umleitungsschild mehr zu sehen. So bleibt mir mehr oder weniger nur der Orientierungssinn, das Gefühl für die richtige Himmelsrichtung als Navigationshilfe.

Ein Mal an diesem Tag halte ich noch an, um in Ruhe zu Mittag zu essen und mich auszuruhen, ansonsten stoppe ich nur zum Tanken. Erstaunlich, wie gut die Reifen die Tour überstanden haben. Obwohl sie jetzt fast elftausend Kilometer drauf haben, sind sie noch nicht bei der Mindestprofiltiefe angelangt. Am Nachmittag erreiche ich bei bewölktem Himmel im Trockenen die letzte Autobahnabfahrt dieser Reise. Kurz darauf rolle ich vor unserer Haustür aus.

So, das war es dann wohl. Ich kann es noch gar nicht richtig glauben. Ist es erst zwei Wochen her, dass ich hier gestartet bin? Es sieht ganz danach aus. Zärtlich tätschle ich der BMW den Tank und sage leise: »Bertha, wir sind jetzt Nordkap-Tourer. Das hast du gut gemacht. Danke.«

Kapitel 15: Zurück im Alltag

Heidelberg im Oktober
etwas Sonne, etwas Regen, kühl

Liebe Leserin, lieber Leser. Inzwischen liegt meine Nordkap-Tour ein paar Monate zurück und der Alltag hat mich wieder in Beschlag genommen. Doch die Reise ist nicht wirklich vorbei, die wichtigsten Eindrücke und Gefühle, die ich erfahren durfte, wirken in meinem Inneren noch immer nach. Neben der unglaublichen Schönheit von Natur und Landschaften bleibt die Erinnerung an die wohltuende, beinahe grenzenlose Einsamkeit und Ruhe lebendig, die eine Besinnung auf das Wesentliche zwangsläufig mit sich bringt.

Bei meiner Tour lag der Schwerpunkt eindeutig auf dem Fahren selbst, das zur Verfügung stehende Zeitfenster war nicht allzu großzügig bemessen. Aber auch dieses gewisse Maß an Druck möchte ich als wertvolle Erfahrung betrachten, denn es verlangte mir eine kompromisslose Beharrlichkeit ab, die ich sonst beileibe nicht immer aufzubringen in der Lage bin. Um das gesetzte Ziel in der vorgesehenen Zeit zu erreichen, war es ganz einfach notwendig, mich jeden Morgen, ungeachtet des Wetters und der Kälte, auf mein Motorrad zu setzen und zu fahren. Dabei war es vollkommen gleichgültig, was der innere Schweinehund davon hielt.

Alles in allem war es eine wunderbare Reise, die mich atemberaubende Landschaften hat sehen lassen und die ich niemals vergessen werde.

Ich hoffe, dass euch mein Bericht gefallen und gut unterhalten hat. Auf Fragen oder Rückmeldungen zum Buch an meine

Email-Adresse »nordkapbuch@t-online.de« freue ich mich bereits. Bilder und weitere Informationen werde ich euch auf der Homepage www.nordkapbuch.de bereitstellen.

Herzlichen Dank dafür, dass ihr mitgefahren seid und mir Eure Zeit geschenkt habt.

Meine Lehre aus der Reise lautet:

»Dem Gehenden schiebt sich der Weg unter die Füße, also immer schön in Bewegung bleiben ...«

Seid von Herzen gegrüßt,

euer Günter Wensky

Nützliche Informationen

Gesamte Fahrstrecke:	8.702 km
getankt insgesamt:	377,15 Liter
Benzin-Verbrauch:	4,33 l/100 km
Öl-Verbrauch:	ca. 100 ml/1.000 km
Benzinpreise ca.:	D 1,35 €
	N 1,79 €
	FIN 1,42 €
	S 1,46 €
	DK 1,45 €

Kosten der Reise:

Kosten Tankstellen:	718,52 € (inkl. Snacks)
Kosten Unterkunft:	583,89 €
Kosten Verpflegung:	250,00 €
Fähren und Brücken:	139,59 €
Eintritte und sonst.:	100,- €
Gesamtkosten:	1.792,- €
Reparatur Bremsleitung:	364,85 €

verwendete Umrechnungskurse:

DK:	1 € = 7,44 DKK
S:	1 € = 9,59 SEK
N:	1 € = 9,31 NOK
FIN:	1 € = 1 €

Informationsquellen:

- Routenbuch Nordkap; Reise-Know-How Verlag; ISBN 978-3-8317-1387-5
- Outdoor-Handbuch Nordkap-Route; Conrad Stein Verlag GmbH; ISBN 978-3-86686-095-7

- Skandinavien Edition Unterwegs; Motorbuch Verlag; ISBN 3-613-01628-1
- visitnorway.com
- visitsweden.com
- visitfinland.com

Verwendete Karten:

- sehr nützlich die kostenlosen TourSet-Karten und Info-Blätter des ADAC (Skandinavien, Norwegen, Oslo, Südnorwegen, Norwegen Mitte, Nordnorwegen, Finnland, Schweden)
- die kostenlose Norwegen-Straßenkarte, die man unter visitnorway.de anfordern kann
- Falk Länderkarte Skandinavien 1:800.000

WebCam Nordkap:

- http://nordkapp.borealiswebcam360.com/

Nützliche Handy-Apps:

- Whats App (kostenlos)
- ACSI Campsites Europe (ca. drei Euro)
- wetter.com (kostenlos)
- RegenRadar (kostenlos)
- ADAC Auslandshelfer (kostenlos)
- GPS-Kompass (kostenlos)
- DJH Jugendherbergen (App kostenlos, DJH-Mitgliedschaft preiswert)
- Maps (kostenlos)

Website zu diesem Buch:

- www.nordkapbuch.de, mit vielen Fotos

Günter Wensky

Günter Wensky stammt aus dem Südwesten Deutschlands. Seine Freizeitaktivitäten haben seit der Kindheit stets mit der Nähe zur Natur zu tun. Angelausflüge, Campingurlaube und mehrtägige Rad- oder Wandertouren gingen dem Kauf des ersten Motorrades 2006 voraus. Doch mit jedem gefahrenen Kilometer brannte das Fernweh heißer in ihm, bis er sich 2012 zu seinem 50. Geburtstag einen Traum erfüllte und seine erste echte Motorradreise nach Schottland unternahm. Danach folgten eine Deutschland-Umrundung und ganz aktuell die Fahrt zum Nordkap. Weitere Abenteuer sind geplant ...

Traumjob Motorrad-fahren

Sylva Harasim

Print-ISBN: 978-3-933385-69-7
eBook-ISBN: 978-3-945784-05-1

Sylva Harasim und Martin Schempp plaudern aus dem Nähkästchen

Motorrad-Himmel oder Motorrad-Hölle? Wer schon immer davon geträumt hat, im Motorradsattel sein Geld zu verdienen, erfährt in dem Taschenbuch »Traumjob Motorradfahren« aus erster Hand, wie es hinter den Kulissen der Motorrad-Branche aussieht. Sylva Harasim hat ihr Hobby zum Beruf gemacht: Zuerst als angestellte Fotografin und Grafikerin bei den Zeitschriften Enduro und Tourenfahrer, dann als selbständige Verlegerin im Highlights-Verlag. Nicht alles lief auf diesem Weg glatt, und oft wurde aus dem Motorrad-Himmel die Motorrad-Hölle. In diesem Buch gibt Sylva Harasim Einblicke in die Welt des Motorrad-Journalismus und des Redaktionsalltags, erzählt Geschichten aus einem ungewöhnlichen Leben rund ums Motorrad. Mal witzig, mal spektakulär. Voller Hindernisse, Komplikationen, Hürden und Fallen. Teilweise unglaublich – aber immer wahr.

Zauber des Orients

Andreas Hülsmann

Entlang der Seidenstraße

Print-ISBN: 978-3-933385-40-6

Auf historischen Karawanenrouten zu den sagenumwobenen Städten entlang der Seidenstraße

Einst zogen die Karawanen über die Seidenstraße, über Gebirge und durch Wüsten und trugen die Schätze Chinas nach Europa. Den Städten entlang der großen Handelsrouten brachten sie legendären Reichtum und machten Buchara, Samarkant oder Chiva zu einigen der faszinierendsten Orten der Welt. Andreas Hülsmann und seine Frau Claudia waren drei Monate lang auf den Spuren von Marco Polo & Co. unterwegs. Ihre 17.000 Kilometer lange Reise führte sie durch die Türkei nach Georgien, von wo es durch Aserbaidschan nach Baku ans Kaspische Meer ging. Bei glühender Hitze durchquerten sie Turkmenistan, Usbekistan, Tadschikistan, Kirgisien und Kasachstan und erklommen die höchsten Gipfel des Pamir Gebirges. Russlands eisige Temperaturen zwangen sie bis Moskau in einen Wagon der Transsibirischen Eisenbahn, danach fuhren sie im Motorradsattel nach Deutschland zurück.

Doppelpack
Von New York nach Feuerland
ISBN: 978-3-933385-33-8

Ein Jahr, mein Motorrad und ich
Leidenschaft Motorradfahren
ISBN: 978-3-933385-31-4

Hautnah
USA, Kanada und Mexiko
ISBN: 978-3-933385-46-8

Himalaya & Co.
Über die höchsten Pässe der Welt
ISBN: 978-3-933385-38-3